UNITALL

2016

Die Übernahme der Welt
durch die Dritte Macht

Autor: Gilbert Sternhoff

1. Auflage
Dezember 2012

Vertrieb:
HJB Verlag & Shop KG
Schützenstr. 24
78315 Radolfzell
Deutschland

Bestellungen und Abonnements:
Tel.: 0 77 32 – 94 55 30
Fax: 0 77 32 – 94 55 315
www.hjb-shop.de
hjb@bernt.de

Inhaltsverzeichnis

1.
VORWORT

Glaubte ich vor eineinhalb Jahren noch, mit meiner Trilogie zur Dritten Macht, bestehend aus den Bänden »Die Zukunft hat längst begonnen«, »Götterwagen und Flugscheiben« sowie »Operation Tamacuari« (1,2,3), das theoretische Fundament zu diesem den Zeitgeist herausfordernden Thema ein für allemal gelegt zu haben, so sah ich mich schon wenige Monate nach Erscheinen des letzten Bandes eines Besseren belehrt. Zumindest anfänglich wider Willen, muss ich einräumen. Ich hatte einfach genug von immer neuen theoretischen Implikationen, wollte endlich den Praxistest. Diesen in Gestalt der in »Operation Tamacuari« angekündigten Expedition zum irdischen Hauptquartier der Dritten Macht. Alle Vorbereitungen für den im Herbst 2012 geplanten Aufbruch ins Bergland im Grenzgebiet zwischen Brasilien und Venezuela waren abgeschlossen. Dann ereignete sich etwas, das mich zwang, den Start zu verschieben. Der alles, wirklich alles entscheidende Umstand, der dieses Hasardspiel überhaupt erst möglich machte – von mir aus verständlichen Gründen bisher geheim gehalten – war einer Veränderung unterworfen. Dieses sich nur für einen kurzen Moment und ein einziges Mal öffnende Zeitfenster drohte für immer verschlossen zu werden. Am Ende stellte sich heraus, dass ich noch eine Chance bekommen würde. Das größte Abenteuer meines Lebens findet nunmehr bis spätestens Ende des Jahres 2014 statt.

Im Nachhinein bin ich auch wiederum dankbar für den durch die Verschiebung der »Operation Tamacuari« erfolgten Zeitgewinn. Es sind in den zurückliegenden Monaten – für mich in diesem Ausmaß völlig unerwartet – so viele neue Informationen zu meiner Kenntnis gelangt, haben sich daraus resultierend für mich derart überraschende Einsichten ergeben, dass diese Erweiterung des Wissensstandes zum Thema Dritte Macht ganz zwangsläufig nach einer Niederschrift verlangt hat.

Nicht unerwähnt bleiben soll, dass der Inhalt des vorliegenden Buches nicht unerheblich auch den Anregungen, Denkanstößen und Fragestellungen meiner Leser zu verdanken ist. Indem ich mich damit auseinandersetzen konnte, war es mir nicht nur möglich, den einen oder anderen Aspekt noch tiefgründiger zu beleuchten, sondern ich vermochte so manchen von Ihnen, liebe Leser, über die wechselseitige Korrespondenz am Erkenntnisfortschritt teilhaben zu lassen. Das dürfte, jetzt, da diese Gedanken in den großen Zusammenhang gestellt und zu Papier gebracht worden sind, den Lesegenuss der hier Angesprochenen entsprechend steigern. Vielen Dank noch einmal für Ihre Mithilfe, vielen Dank auch für Ihre langjährige Treue! Und nehmen Sie es mir bitte nicht übel, wenn ich nicht auf alle Zuschriften antworten kann.

Ursprünglich wollte ich das Buch nur unter dem Titel »2016« erscheinen lassen, wogegen mein Verleger mit einer seiner drastischen Formulierungen, für die er bekannt ist, heftigen Einspruch einlegte: »Den Lesern einfach nur so eine Jahreszahl an den Kopf werfen, ohne nähere Erläuterung, das geht gar nicht!« Am Ende gab ich ihm Recht, wenn ich auch der Meinung war, in »Operation Tamacuari« schon einen Fingerzeig zur möglichen Bedeutung gerade jenes Jahres gegeben zu haben. So kam das Buch letztlich zu seinem Untertitel: »Die Übernahme der Welt durch die Dritte Macht«. Klarer geht es nicht. Selbst wenn jetzt sicherlich eine Mehrheit wegen dieser auf den Punkt gebrachten Prophezeiung – mit der ich mich zugegebenermaßen weit aus dem Fenster lehne – skeptisch den Kopf schüttelt, so kann ich versichern, dass ich im weiteren Verlauf die Argumente dafür nicht schuldig bleiben werde.

Die Bedeutung dieses Buches besteht nicht zuletzt darin, dass sich jedermann, diesen Zeithorizont vor Augen, auf den »Tag X« in seiner Lebensplanung einrichten kann, wobei das unter den gegebenen Umständen sicherlich nur begrenzt möglich sein wird. Jedoch sollte am Ende zumindest niemand überrascht sein!

Noch eine Erkenntnis, die jetzt für die meisten gänzlich unerwartet kommen dürfte, will ich meinen Lesern schon in der Einleitung zu diesem Buch nicht vorenthalten: Die Dritte Macht handelt nicht allein! Ihr stehen Helfer zur Seite. Bitte, niemand sollte jetzt an Außerirdische oder konspirative Kreise in den Reihen der Machthaber von heute denken. Weit gefehlt!

Beenden möchte ich meine einleitenden Worte mit einer durchaus spaßigen Angelegenheit. Im April 2012 warf ich, der ich sonst kein großer Kinogänger bin, mehr durch Zufall einen Blick in den Aushang eines unserer Lichtspieltheater. Ich glaubte meinen Augen nicht zu trauen: Eine Flugscheibe. Daneben keine wie auch immer gearteten ET's, sondern eine schmucke Blondine und im Begleittext etwas über Reichsdeutsche auf der Rückseite des Mondes, die im Jahr 2018 die

Erde erobern wollten. Die Dritte Macht erstmals filmisch in Szene gesetzt! In der beinahe überschwänglichen Hoffnung, über Jahre nicht nur gegen die sprichwörtliche Wand geredet zu haben, sah ich mein ureigenstes Thema bereits breitenwirksam in viele Millionen Gehirne transportiert. Welche Enttäuschung dann, als sich das Ganze als reine Persiflage herausstellte. Die Schöpfer des Films hatten lediglich an der Oberfläche gekratzt. Und sich zudem beim Zeitplan noch um zwei Jahre vertan, was ich ihnen jedoch nicht weiter übel nehmen will.

Aber immerhin, auch die Gegenseite, die US-Präsidentin und deren Beraterstab, kamen nicht gut weg dabei. Oder wie der Kritiker von »Die Zeit« glaubte übellaunig feststellen zu müssen: »Und dass diese Weltraumnazis von vorgestern den Amerikanern aus dem Jahr 2018 das Wasser reichen können, ist selbst im Rahmen der hanebüchenen Story von ›Iron Sky‹ ärgerlicher Unfug.« (4) Ach ja, dass die Filmproduzenten mit ihrem Hinweis auf den Mond so falsch nicht liegen, auch dafür bringt dieses Buch Belege.

Wie es der Zufall will, wenn es sich überhaupt um einen solchen handelt, hat dieser Film trotz all seiner Unzulänglichkeiten das Potenzial, das öffentliche Bewusstsein – oder sollten wir besser sagen: das öffentliche Unterbewusstsein – zum Thema Dritte Macht nachhaltiger zu beeinflussen, als es meine in sehr überschaubarer Auflagenhöhe verkauften Bücher vermögen. Aus den USA ist bekannt, dass bei so manch einem bedeutenden Streifen die Geheimdienste auf Konzeption und Umsetzung Einfluss genommen haben. »Iron Sky« kommt aus Finnland und ist durch die breite Mitwirkung einer Internet-Community entstanden. Eine externe Einflussnahme kann von daher nicht gänzlich ausgeschlossen werden, wenn ich sie persönlich auch für wenig wahrscheinlich halte. Wird das Thema Dritte Macht, wie schon gesagt, von den Filmemachern letztendlich auch auf gekonnte Art und Weise ins Lächerliche gezogen, so dass selbst ich mir ein Schmunzeln an der einen oder anderen Stelle nicht verkneifen konnte, bleibt trotzdem der Umstand nicht zu vernachlässigen, dass es mit dem in mehreren Ländern gezeigten Film in den Köpfen von nicht wenigen Zuschauern plötzlich an Präsenz gewonnen hat.

Irgendetwas liegt in der Luft. Nach meiner Prognose ist der »Tag X« greifbar nah. Vom Erscheinungsdatum des Buches an sind es nur noch drei Jahre bis zur Zeitenwende! Wenn immer noch einer glaubt, ich würde mich darauf freuen, dann irrt er sich gewaltig. Nur bin ich, angesichts der herrschenden Zustände in Politik und Wirtschaft was eine glaubwürdige Alternative betrifft, absolut hoffnungslos. Oder anders ausgedrückt, wie ich schon am Ende meines ersten Buches geschrieben habe: »Das Schicksal nimmt seinen Lauf!«

2.

FRAGEN MIT EWIGER WIEDERKEHR

(Fortsetzung)

In diesem Abschnitt werde ich, wie ich das auch in »Operation Tamacuari« getan habe, auf häufig gestellte Leserfragen eingehen und versuchen, meine Sicht der Dinge darzulegen.

<u>Aus welchen Gründen betreibt die Dritte Macht mehr als nur einen irdischen Stützpunkt?</u>

In meinen ersten drei Büchern hatte ich folgende Stützpunkte der Dritten Macht auf unserem Planeten identifiziert:

- seit 1945 das Hauptquartier am Pico Tamacuari im nördlichen Brasilien an der Grenze zu Venezuela (2,3)
- seit 1945/1946 die Unterwasserbasis im Untergrund einer der vor der Südküste Argentiniens gelegenen Inseln (Südliche Shetland- bzw. Südliche Orkneyinseln), genutzt als Schutzbunker für die zwei bis in die 60er Jahre des letzten Jahrhunderts betriebenen U-Boote, später für die Operationen der so genannten Unidentified Submerged Objects (USOs) im Atlantik; die ausbleibenden Sichtungsberichte in den letzten Jahren lassen vermuten, dass diese Basis nicht mehr in Betrieb ist (3)
- seit 1947 bzw. 1949 die Forschungszentren in Cordoba und auf der Insel Huemul in der Nähe von San Carlos de Bariloche in Argentinien, die nach dem Ende der Ära Peron aufgegeben wurden (1)
- seit 1959 die bisher aufgrund unzureichender Informationen nicht genau einzugrenzende Südseebasis im Gebiet zwischen der Südostküste Neuguineas und den Salomon-Inseln, wobei es sich entweder um mehrere kleinere isolierte Stützpunkte in künstlich erweiterten Unterwasserhöhlen oder aber um ein großes zusammenhängendes System ausgebauter vulkanischer Röhren handelt, die bis tief hinab ins Erdinnere reichen (3)
- seit 1961 die Colonia Dignidad in Chile, deren Evakuierung wegen der veränderten politischen Rahmenbedingungen im Jahr 1998 im Rahmen einer großen UFO-Sichtungswelle erfolgte (1).

Warum jedoch betreibt die Dritte Macht über das Hauptquartier am Pico Tamacuari hinaus überhaupt noch andere Stützpunkte? Ist dieses mit seiner Ausdehnung von annähernd 35 Kilometern in der Länge und 20 Kilometern in der Breite nicht großzügig genug bemessen, um Platz für alle nur denkbaren Aktivitäten zu bieten? (3)

Sieht man einmal davon ab, dass für die anfänglich noch genutzten zwei U-Boote ein Zufluchtsort in Meeresnähe unabdingbar gewesen ist, bleibt als gewichtigster Grund für das Anlegen mehrerer Stützpunkte ein grundsätzlicher militärischer Aspekt zu berücksichtigen: Die geografische Dislozierung. Sollte es den potenziellen Feindmächten gelingen, einen der Stützpunkte mit militärischen Mitteln auszuschalten, könnte für die weitere Auseinandersetzung auf andere Standorte zurückgegriffen werden. Wie unschwer zu erkennen ist, ging es der Dritten Macht dabei nicht allein um eine räumliche Verteilung über mehrere weit auseinander liegende Regionen, sondern erfolgte die Errichtung der Anlagen auch nach dem Muster größtmöglicher Variabilität hinsichtlich der das Umfeld der Stützpunkte bestimmenden natürlichen Bedingungen. Befinden sich die Einrichtungen am Tamacuari in einer der am meisten abgelegenen Gegenden, mitten im größten Regenwaldgebiet der Erde und unterhalb eines Schutz gewährenden mächtigen Bergmassivs, der Serra do Tapirapeco, so wurde das Südsee-Refugium tief unter der Wasseroberfläche errichtet. Die Aktivitäten der Colonia Dignidad konnten dagegen wegen des langfristig stabilen politischen Umfeldes sozusagen innerhalb der Zivilisation erfolgen.

Neben den angesprochenen Sicherheitsaspekten dürfte auch die Versorgung mit Gütern des täglichen Bedarfs sowie vor allem die Frage der Rohstoffversorgung von ausschlaggebender Bedeutung für die Standortwahl gewesen sein. So ist die Serra do Tapirapeco für das Vorkommen verschiedener strategischer Rohstoffe bekannt. Genannt seien hier nur Gold, seltene Erden und vor allem Uran. (5) Ein Abbau durch die Brasilianer selbst kann dort aufgrund der Präsenz der Dritten Macht nicht erfolgen.

Auch die Unterwasserstation östlich von Neuguinea könnte der Gewinnung von Bodenschätzen dienen. Die Inseln in dieser Region sind vulkanischen Ursprungs. Bekanntlich sind vulkanische Aktivitäten die Ursache für die Bildung gewaltiger Erzlagerstätten. Die Begehrlichkeiten der Prospektoren richten sich in letzter Zeit vor allem auf den Meeresgrund der Bismarcksee östlich von Neuguinea. (6) Aber auch die Salomon-Inseln sind für ihre großen Mineralienvorkommen bekannt. Lokalisiert wurden hier bisher Lagerstätten von Gold, Kupfer, Bauxit, Zink, Blei, Kobalt, Silber und von Phosphaten. (7)

Selbst bezüglich der Colonia Dignidad hatten die Nachforschungen ergeben, dass von dieser eine Reihe Unterfirmen betrieben wurde, deren Hauptaufgabe in der Sicherung des Nachschubs bestimmter Rohstoffe, wie Titanium, Molybdän, Gold, Quecksilber, Schwefel und Uran bestand. (1) Während ihrer Betriebsphase erreichte die Colonia Dignidad bei der Versorgung mit Lebensmitteln einen Zustand nahezu vollkommener Autarkie. Es wäre interessant nachzuprüfen, wohin damals der landwirtschaftliche Überschuss geliefert worden ist. Die Versorgung der verbliebenen Stützpunkte erfolgt heute mit Sicherheit in Eigenregie, entweder durch Zukauf vom freien Markt oder aber durch den Anbau von Lebensmitteln in den künstlich beleuchteten unterirdischen Einrichtungen.

Ein besonderes Problem ergab sich für die Dritte Macht nach ihrem Rückzug aus Argentinien. Es fehlte auf einmal die »Schleuse« in die Öffentlichkeit, über die, ohne Aufsehen zu erregen, sämtliche Transaktionen abgewickelt werden konnten. Das erklärt, warum für die Colonia Dignidad zwingend ein Standort innerhalb der Zivilisation gewählt werden musste. Ende der 90er Jahre des letzten Jahrhunderts konnte aufgrund der zwischenzeitlich entwickelten Unsichtbarkeitstechnologien auf diesen Aspekt der Standortwahl endgültig verzichtet werden. (3)

Wie unschwer zu erkennen ist, waren es drei Faktoren, welche die Dritte Macht Stützpunkte an mehreren Stellen errichten ließ. Deutlich wird aber auch, dass über die Zeit eine Reduzierung der Anzahl dieser in Betrieb befindlichen Anlagen erfolgt ist, so dass neben dem Hauptquartier am Tamacuari heute wahrscheinlich nur noch die Unterwasserbasis in der Südsee von Kräften der Dritten Macht besetzt gehalten wird. Die Frage nach dem Warum dieser Entwicklung lässt sich leicht beantworten: Die Dritte Macht hat die Schwerpunkte ihrer Aktivitäten mehr und mehr in den interplanetaren Raum verlegt. Darüber habe ich in meinen anderen Veröffentlichungen schon ausführlich berichtet, werde aber auch in diesem Buch noch einmal darauf zurückkommen.

Welche anderen Szenarien für die Übernahme der Macht sind denkbar?

Immer wieder haben mir Leser andere mögliche Szenarien für die Übernahme dieses Planeten durch die Dritte Macht zur Diskussion gestellt.

Die aus meiner Sicht glaubwürdigsten möchte ich hier vorstellen und kommentieren. Zuvor jedoch, um dem Neueinsteiger meinen Standpunkt zu verdeutlichen, dem Stammleser jedoch mehrere Seiten Wiederholungen zu ersparen, werde ich in einer Kurzfassung meine Überlegungen zu diesem Punkt noch einmal darlegen. Die Frage, wie sich der Machtwechsel vollziehen wird, kann nicht losgelöst von der Frage nach dem Wann betrachtet werden. Und damit sind wir dann auch schon beim Titel dieses Buches angelangt. Aber dazu später mehr.

Hier nun das von mir favorisierte Szenario:
»Mit hoher Wahrscheinlichkeit wird die Aktion ›Übernahme der Welt‹ durch die Dritte Macht zu dem Zeitpunkt gestartet werden, da die Weltwirtschaft – ob mit oder ohne terroristischen Anlass – in der sich abzeichnenden gewaltigen Finanzkrise kollabiert«, so schrieb ich schon in meinem ersten Buch, zu einem Zeitpunkt, als die Mainstream-Medien bezüglich der weiteren Entwicklung der globalisierten Weltwirtschaft noch in eitel Sonnenschein schwelgten. Und weiter: »Mit dem damit einher gehenden vollständigen Vertrauensverlust der Bevölkerung in die das alte Wirtschaftssystem stützenden politischen Systeme ist dann der Boden bereitet für ein Übernahmeszenario, das mangels politischer Alternativen und der absoluten technologischen Überlegenheit der Dritten Macht ohne kriegerische Auseinandersetzung ablaufen dürfte. Dass dieser Zeitpunkt noch innerhalb der Lebensspanne dieser Generation erwartet wird, darüber lassen die Aussagen der UFO-Entführungsopfer wenig Zweifel.« (1)

Ausgangspunkt jener globalen Finanz- und Wirtschaftskrise, in deren Endstadium wir uns meiner Meinung nach befinden, ist das herrschende Zinssystem, das immer nur wenige Jahrzehnte funktionieren kann, bis es von neuem zusammenbricht, nur heute angesichts weltweit total vernetzter Wirtschaftskreisläufe mit viel schlimmeren Konsequenzen als in der Vergangenheit. Das Wissen um diese gesetzmäßige Entwicklung dürfte zur Grundlage aller Planungen der Dritten Macht geworden sein. Der »Tag X« wird sich also aller Voraussicht nach ereignen nach einem totalen Crash der Weltwirtschaft, eingeleitet durch die Auslösung eines sich an die UFO-Entführungsopfer richtenden posthypnotischen Mobilisierungsbefehls, organisiert und gelenkt von den »Hybriden« mitten unter uns und zum Zweck der Demonstration überlegener technologischer Macht begleitet von »magischen Effekten«,

resultierend aus der von der Dritten Macht schon seit Langem praktizierten Beherrschung der Antigravitation. (2)

In »Operation Tamacuari« zitierte ich einige renommierte Wirtschafts-
sachverständige, denen der kausale Nexus für das heraufziehende Un-
gemach zwischenzeitlich nicht mehr verborgen geblieben war, mit ihren
pessimistischen Prognosen, die ein Schlaglicht warfen auf die vergeblichen Bemühungen zur Krisenbewältigung durch das herrschende
Establishment aus Politik und Wirtschaft. (3) Wenn Konsens zwischen
diesen Wirtschaftstheoretikern besteht, dann in einem Punkt: Die Fallhöhe hat weiter zugenommen. Der voraussichtliche Kulminationspunkt
liegt – was noch zu beweisen ist – im Jahr 2016.

Jetzt möchte ich einige denkbare Alternativszenarien vorstellen.

**Der gelenkte, zuletzt aber doch verhinderte Einschlag eines Him-
melskörpers**
    Vor einigen Jahren brachte mich ein guter Freund auf diese Idee. Er
sagte:»Versetz Dich selbst doch einmal in die Rolle der Dritten Macht.
Lass alles Theoretisieren über die zu erwartende weltwirtschaftliche
Entwicklung. Machtwechsel einer historischen Dimension haben auch
immer etwas mit starken, die Masse bewegenden Emotionen zu tun,
mit tief sitzenden Ängsten etwa. Wäre es da nicht denkbar, dass die
Dritte Macht mit ihren technischen Möglichkeiten einen kleinen Himmelskörper, einen Meteoriten oder Asteroiden, in die Nähe der Erd-
bahn manövriert und ihn dann auf Crash-Kurs gehen lässt und zwar
so, dass der potenzielle Impaktor erst eine Woche vor dem Zusammenstoß von den mit der Durchmusterung des erdnahen Raums beauftrag-
ten Institutionen entdeckt wird. Die Panik möchte ich sehen! Und dann –
sozusagen in allerletzter Sekunde, wenn alle schon denken, ihr letztes
Stündlein habe geschlagen, erscheinen die Antigravitationsraumschiffe
der Dritten Macht am Firmament und fegen den Spuk vom Himmel.
Was gibt es Besseres, um endlich die notwendige Reputation zu erlangen?«
    Meine Antwort:»Du magst recht haben, eine interessante Idee, als
isoliertes Ereignis meiner Meinung nach aber zu wenig nachhaltig. Ich
lese schon die Schlagzeilen von den Weltraumnazis, die uns gerettet
haben, aber unterm Strich eben das bleiben, was sie sind – Nazis. Keiner würde sich freiwillig, das heißt friedlich, in deren Arme begeben

wollen, und seien sie tausendmal die vermeintlichen Retter des Planeten, wenn doch alles andere so wunderbar funktioniert und jetzt ja wahrscheinlich für die statistisch gesehen nächsten 10.000 Jahre funktioniert. So wird die Sache mit Sicherheit nicht ablaufen. Gut vorstellbar wäre allerdings die Kombination meines wirtschaftlichen Crash-Szenarios mit dem von Dir vorgeschlagenen gezielten Einsatz eines großen Impaktors, zur Verstärkung sozusagen, nach der alten Lebensweisheit: Doppelt hält besser!«

Die offene kriegerische Auseinandersetzung

Dass an einer solchen aus Gründen des langfristigen Machterhalts der Dritten Macht nicht gelegen sein kann, hatte ich in meinem letzten Buch ausführlich dargestellt. (3) Trotzdem wird gerade dieses Szenario in der alternativen Variante durch die von den anderen Nuklearmächten präventiv vorgetragenen Angriffe auf die irdischen Stützpunkte der Dritten Macht immer wieder vorgebracht. Davon abgesehen, dass eine Vernichtung der Dritten Macht aufgrund ihrer Präsenz im interplanetaren Raum sowie ihrer zumindest auf Mond (siehe 5. Kapitel) und Mars vorhandenen Stationen nicht möglich ist, wäre auch der Erfolg bei der Ausschaltung des Hauptquartiers am Pico Tamacuari bzw. der in der Südsee gelegenen Unterwasserbasis mehr als fraglich. Die Serra do Tapirapeco ist zu abgelegen, als dass ein Überraschungsangriff ohne ausreichende Vorwarnzeit geflogen werden könnte, das Hauptquartier selbst liegt unter massivem Granitgestein. Der Unterwasserstützpunkt wiederum dürfte sich in ausreichender Tiefe, versteckt in Höhlensystemen befinden, die für die Massenvernichtungswaffen der anderen Weltmächte nicht erreichbar sind. De facto wird dieses Szenario nicht eintreten.

Noch etwas anderes spricht dagegen: Die Dritte Macht hat in der Vergangenheit mehrfach nachdrücklich bewiesen, dass sie mit ihren von uns als UFOs bezeichneten Flugscheiben zu jeder Zeit die volle Verfügungsgewalt über die strategischen Waffenarsenale der Amerikaner und Russen übernehmen kann, bis hin zur Lähmung der Abschuss-Kontrollzentren der Raketensilos und der Löschung der Zielkoordinaten auf den Datenträgern. Selbst die Änderung der Zielcodes sowie die Aktivierung der Abschusssequenz liegen im Rahmen ihrer Möglichkeiten. (2,8)

Ergänzend bleibt festzustellen, dass auch die anderen Mächte heute schon über Waffensysteme verfügen, die eine wirksame Raketenabwehr gegen begrenzte Angriffe erlauben. Das dabei zum Einsatz gelangende, im Vergleich zum aufgezeigten Entwicklungsvorsprung der Dritten Macht technisch wenig anspruchsvolle Know-how, wurde von den Insassen der Flugscheiben schon einige Jahrzehnte früher beherrscht und – wahrscheinlich zur Abschreckung – in einem Fall auch öffentlich demonstriert.

Unglaublich? – Aber wahr!

Am 15. September 1964 wurde auf der Air Force Base Vandenberg in Kalifornien eine Atlas-Interkontinentalrakete gestartet. Die drei Sprengköpfe mit Kernwaffen-Dummies konnten während des Fluges wie geplant freigesetzt werden. Trotzdem passierte eine Panne. Die Rakete selbst erreichte nicht das vorgesehene Ziel im Eniwetok-Atoll. Die Mission war von einem Beobachtungsteam, das sich etwa 100 Kilometer von der Abschussstelle befand, gefilmt worden. Leutnant Bob Jacobs, Foto-Offizier der Air Force, betreute die Teleskopkamera. Nach der Entwicklung des Films wurde Jacobs zu seinem Chef, Major Florenz J. Mansmann, gerufen. Was die Offiziere sahen, verschlug ihnen den Atem: »Die Atlas-Rakete flog mit einer Geschwindigkeit zwischen 11.000 und 14.000 Meilen pro Stunde. Man konnte sehen, wie die Sprengköpfe abgesprengt wurden. Wenige Sekunden später näherte sich der Raketenspitze ein helles Objekt, umkreiste die Spitze und sandte dabei vier Mal einen leuchtenden Energiestrahl auf die Rakete, die daraufhin zu taumeln begann und abstürzte. Die Offiziere betrachteten das Objekt mit einer Vergrößerungsvorrichtung. Dabei erkannten die Betrachter, dass es sich um einen Diskus mit runder Kuppel handelte, die langsam rotierte.« (8,9)

Der Vorfall wurde als »streng geheim« eingestuft. Achtzehn Jahre später berichtete Dr. Jacobs über sein Erlebnis in der Öffentlichkeit. Sein ehemaliger Vorgesetzter Mansmann war darüber zuerst gar nicht begeistert. Er habe tiefgreifende Bedenken gehabt, dass diese Information, die so wichtig für die Zukunft der Menschheit sei, in die falschen Hände gelangen könnte, doch sei er nun entschlossen, den Bericht zu bestätigen. Damals wäre die allgemeine Einschätzung die gewesen, dass es sich bei dem Diskus um ein außerirdisches Objekt gehandelt habe. (9)

Kurzer Hinweis für neue Leser: In meinem ersten Buch hatte ich die historische Entwicklung und die verschiedenen Facetten des UFO-Phänomens einer ausführlichen Analyse unterzogen. (1) Ich gelangte dabei zu dem Schluss, dass die neuzeitlichen UFOs, die mit dem Auftauchen der so genannten »foo-fighter« erstmals im Herbst 1944 beobachtet werden konnten, nicht von außerirdischen Besatzungen gesteuert wurden. Sie waren ausschließlich irdischer Herkunft, entwickelt auf der Grundlage von Entwürfen deutscher Wissenschaftler noch vor dem Ende des 2. Weltkrieges. Die Dritte Macht bediente sich später dieser Erkenntnisse und baute ihren Wissensvorsprung auf diesem Gebiet über die nachfolgenden Jahrzehnte kontinuierlich aus.

Bewusstseinsmanipulation mit niederfrequenten Wellen

Ein Leser schrieb mir – und bezog sich dabei auf eine Passage in »Die Zukunft hat längst begonnen«: »Ihrer Meinung nach müsste es einer fortschrittlichen Technologie möglich sein, mit Hilfe von Niedrigfrequenzsendern mentale und physische Funktionen zu übermitteln. Warum dann nicht gleich am ›Tag X‹ in einer Art Überraschungsangriff in Wellenform das Bewusstsein der Weltbevölkerung quasi umdrehen, zumindest aber lähmen, für welchen Zeitraum auch immer? Oder ist das mehr ein schleichender Prozess? Die Amerikaner führen mit HAARP wohl ähnliche Experimente durch.«

In meinem Buch hatte ich diese Methode der Informationsübertragung als Erklärungsversuch für die bei UFO-Entführungen oftmals behauptete telepathische Kommunikation zwischen den UFO-Insassen und ihren Opfern angeboten. Bekanntermaßen operiert das Gehirn mit Elektrizität. Es hat ein schwaches elektromagnetisches Feld und gibt sehr schwache elektrische Stöße ab. Diese bewegen sich in einem Frequenzbereich von einem bis dreißig Herz. (1) Ich hatte auch aus einem Report für das *US Air Force Scientific Advisory Board* zitiert, das sich mit der Kriegsführung der nächsten 50 Jahre beschäftigt: »Elektromagnetische Energie in gepulster, fokussierter und gestalteter Form kann mit dem menschlichen Körper in einer Art und Weise gekoppelt werden, dass jemand die Muskelbewegungen steuern, die Emotionen kontrollieren, Schlaf erzeugen, Anweisungen übertragen und mit dem Kurz- und Langzeitgedächtnis wechselwirken kann. Weiter kann damit ein Erfahrungsset erzeugt oder gelöscht werden.« (10)

Da die Dritte Macht auf diese Weise anscheinend Informationen über kurze Entfernungen auf Einzelgehirne übertragen kann, stellt sich die Frage, ob nicht auch die Übermittlung von Verhaltensanweisungen im großen Maßstab, d.h. flächendeckend und gerichtet an Milliarden von Menschen, möglich ist. Wenn ja, hätten wir im Rahmen des UFO-Entführungsphänomens wahrscheinlich schon von testweise durchgeführten Großversuchen Kenntnis erhalten. Da dies nicht der Fall ist, glaube ich, diese Frage momentan verneinen zu können. Aber für die Zukunft gänzlich auszuschließen ist ein derartiges Vorgehen der Dritten Macht natürlich nicht. Sie hat auch auf diesem Gebiet einen nicht unerheblichen Wissensvorsprung erreicht. Ob dieser ausreicht, um bis zum Jahr 2016, dem voraussichtlichen Jahr der Entscheidung, diese Technologie massenwirksam zu entwickeln, wage ich allerdings zu bezweifeln.

Ach ja, HAARP – immer wieder wird man überrascht von Nachrichten darüber, was diese famose Anlage angeblich alles vermag: Das Weltklima verändern, Erdbeben, Überschwemmungen und Vulkanausbrüche hervorrufen, und letztlich wird sie auch mit einer Gedankenmanipulation mittels ELF-Wellen (ELF steht für Extremely Low Frequency) in Zusammenhang gebracht. (11) Ich will hier gar nicht auf alle Details dieser Anlage in Alaska, ihr Funktionsprinzip und ihre Aufgaben im Rahmen verschiedener Forschungsprojekte eingehen. Fest steht, diese Anlage wird in einem Umfeld größtmöglicher Transparenz betrieben. Der Betrieb und die Forschungen sind nicht geheim, 14 Universitäten waren an der Planung der Anlage beteiligt und die Mehrzahl der Aufträge kommt von zivilen Einrichtungen. Was noch mehr zählt: Die Mitarbeiter von HAARP sind Angehörige verschiedener großer Bildungseinrichtungen und von privaten Firmen. Eine Geheimhaltung im großen Stil ist schon von daher gänzlich ausgeschlossen. Auch existieren andere, ähnliche Einrichtungen, zum Beispiel das Projekt EISCAT in Norwegen. (11,12) HAARP hat mit der Manipulation des menschlichen Bewusstseins absolut nichts zu tun, da bin ich mir ganz sicher.

Der Einsatz einer »Genbombe«

Die von mir angeregte neue Sichtweise, dass sich hinter dem UFO-Entführungsphänomen nicht das Handeln einer außerirdischen Intelligenz, sondern ein genetischer Großversuch der Dritten Macht verbirgt, der das Zuchtziel verfolgt, in leiblicher, wie seelisch-geistiger Hinsicht möglichst reine Vertreter der so genannten »nordischen Rasse« zu schaffen, hat bei gleich mehreren Lesern einen besonders erschreckenden Gedankengang ausgelöst. Demnach könnte die Dritte Macht durch den Einsatz einer »Genbombe« versuchen, die heute auf der Erde lebende Bevölkerung so weit zu dezimieren, dass in letzter Konsequenz nur diejenigen Menschen überleben, welche dem genannten Zuchtziel weitestgehend entsprechen. Da dieser Genpool nach meiner eigenen Schätzung vielleicht bis zu 500 Millionen Menschen umfasst (wohnhaft hauptsächlich in Europa, Nordamerika, Australien und Neuseeland, Südafrika, in kleinen Teilen auch in anderen Regionen), würde das beim aktuellen Stand der Weltbevölkerung bedeuten, dass 6,5 Milliarden Menschen diesem Massaker zum Opfer fallen würden. Eine gar nicht auszudenkende Vorstellung!

Ein Leser schrieb sogar, »dass auf diese Weise doch alle die ausgelöscht würden, deren Vorfahren schon in der Vergangenheit bewiesen hätten, dass sie keinen positiven Beitrag zur wissenschaftlich-technischen und kulturellen Entwicklung auf diesem Planeten zu leisten im Stande wären und von daher nur als Schmarotzer des höherwertigen Menschentums betrachtet werden können. Zumal durch diese ›Überschussmenschheit‹ die eigentlichen Probleme, wie Raubbau an der Natur, Umweltverschmutzung in großem Stil, die Verbreitung von Krankheiten sowie die Neigung zu Verbrechen aller Art, doch erst hervorgerufen würden.«
Beim Lesen dieser Textpassage befällt einen das nackte Grauen.

Aber lassen wir die Emotionen beiseite. Sehen wir zu, dass uns nicht die Logik abhanden kommt, die uns bisher bei der Analyse der von der Dritten Macht ausgehenden Aktivitäten immer begleitet hat. Ein solches Handeln wäre nicht nur praktisch nicht zu realisieren, sondern steht nach allem, was wir bisher über die Dritte Macht in Erfahrung bringen konnten, auch nicht in deren Absicht.

Die »Genbombe« müsste auf eine Weise konzipiert sein, dass sich ihre letale Wirkung an Genkombinationen entfaltet, über die alle Menschen – mit Ausnahme derjenigen, die ins genetische Schema der Dritten Macht passen – verfügen. Da es selbst in Europa aufgrund der Bevölkerungsbewegungen der letzten Jahrhunderte nur noch wenige Individuen geben dürfte, die dem nordischen Typus, wie er sich im geografischen Isolat nördlich der Alpen während der letzten Eiszeit in über

35.000 Jahren herausgebildet hat, in reiner Form entsprechen, müsste das zulässige genetische Intervall recht groß ausfallen. Ansonsten bliebe außer vielleicht in Skandinavien kaum noch jemand am Leben. Wird dann noch berücksichtigt, dass die meisten Gene nicht isoliert sondern multifunktional wirken, scheint mir eine entsprechende Differenzierung mit den Mitteln der Gentechnik zumindest in Gegenden, in denen eine »Mischbevölkerung« lebt, nicht nur unwahrscheinlich, sondern tatsächlich ausgeschlossen.

Der Einsatz einer »Genbombe« könnte im Sinne ihrer Anwender bestenfalls dort Erfolg haben, wo er sich gegen »reinrassige« Vertreter einer der drei Großrassen richtet.

Dass eine derartige Unterscheidung – allerdings unter anderen Vorzeichen – schon heute in der modernen Medizin praktiziert werden kann, wissen wir, seitdem vor einigen Jahren in den Vereinigten Staaten erstmals Medikamente in den Handel gelangt sind, wie zum Beispiel das Herzmittel Bidil, die ausdrücklich speziell für Patienten afro-amerikanischer Herkunft empfohlen werden. (13)

Jedoch, unabhängig von seiner praktischen Realisierbarkeit, würde der Einsatz einer »Genbombe« nach meiner Ansicht auch aus anderen Gründen nicht stattfinden. Das Übernahmeszenario der Dritten Macht basiert – wie oben dargestellt – auf gänzlich anderen Prämissen. Dazu gehört auch, dass die Dritte Macht nach der auf den sich abzeichnenden wirtschaftlichen Zusammenbruch folgenden Machtübernahme auf die Akzeptanz eines großen Teils der Bevölkerung angewiesen sein wird. Käme eine solche Massenvernichtungswaffe tatsächlich zur Anwendung, würde schnell offensichtlich werden, wer allein gegen ihre Wirkungen immun und dass der Tod von Milliarden Menschen kein Zufall ist. Die meisten der Überlebenden aus dem gewünschten Genpool würden diesem Massenmord voller Unverständnis gegenüberstehen und ihn von ganzem Herzen verurteilen. Akzeptanz sieht anders aus.

Auch das Argument, vor der Geschichte eine »reine Weste« behalten zu haben, dürfte nach der Machtübernahme rückblickend für die Dritte Macht von Bedeutung sein. Sonst wäre womöglich noch über einen langen Zeitraum die zu allen Zeiten unvermeidliche, moralisierende Opposition aufgestanden und hätte mit dem für sie typischen erhobenen Zeigefinger ständig auf die Untaten der Vergangenheit hingewiesen.

Soweit alles gesagt? Nicht ganz.

»In Uganda und im Südsudan breitet sich eine mysteriöse Krankheit aus: Tausende Kinder leiden am Kopfnick-Syndrom, das den Kopf ab und zu wippen lässt und das Wachstum stoppt. Forscher rätseln über die Ursache.« So oder ähnlich berichteten in den ersten Monaten des Jahres 2012 viele Medien. Die Symptome sind immer gleich: die Muskulatur versteift sich und zum Kopfnicken kommen in regelmäßigen Abständen epileptische Anfälle. Häufig wachsen die Kinder ab dem Eintreten der Krankheit nicht mehr, sie bleiben geistig zurück und erblinden teilweise. Die Heilungschancen sind gleich null. MRT-Bilder von Kopfnick-Patienten zeigen verkleinerte und beschädigte Gehirne. Betroffen sind fast ausschließlich Kinder zwischen fünf und 18 Jahren. (14,15)

Während die Krankheit im ostafrikanischen Uganda im Jahr 2009 neu aufgetaucht ist und bisher rund 5.000 Kinder befallen hat, von denen bisher etwa 200 gestorben sind, macht sie den Menschen im Südsudan schon seit 2003 zu schaffen. Laut der Weltgesundheitsorganisation WHO leiden dort schon 5.000 bis 8.000 Kinder an den schrecklichen Symptomen. »Experten stehen vor einem Rätsel.« Besonders der steile Anstieg der Krankheitsfälle um den Jahreswechsel 2011/2012 beunruhigte die Behörden vor Ort. Viren oder Bakterien kommen nach aktuellem Kenntnisstand als Krankheitserreger nicht infrage. Dafür, dass wie ursprünglich vermutet, ein Fadenwurm als Auslöser betrachtet werden muss, konnten keine wissenschaftlich fundierten Erkenntnisse erbracht werden. In anderen Gegenden, wo dieser Wurm heimisch ist, wird über keine Krankheitsfälle berichtet. (16) »Fakt ist, dass das Kopfnick-Syndrom weiterhin nicht entschlüsselt ist.« Eine Verbindung zu Krankheitsfällen mit ähnlichen Symptomen im Jahr 1962 in Tansania wird vermutet, kann jedoch nicht bewiesen werden. Dagegen spricht nach meiner Ansicht schon das Verschwinden des Erregers über die lange Zeit von 40 Jahren. (14,15,16)

Eine Expertin glaubt, dass als Ursache Mechanismen, die zu einer Autoimmunerkrankung führen, nicht ausgeschlossen werden können. (16) Eine Autoimmunkrankheit kann neben vielen anderen Ursachen auch bestimmte Erreger als Auslöser haben. Diese müssten eine hohe Ähnlichkeit mit der Struktur des körpereigenen Gewebes haben. Ein solcher Vorgang wird als molekulares Mimikry bezeichnet. Die Immunabwehr bekämpft im ersten Schritt den erkannten Erreger. Danach verbleiben Gedächtniszellen permanent im Körper, die weiter nach ihm suchen, was letztlich zur Autoimmunkrankheit führen kann. (17)

Fassen wir zusammen:

Die Krankheit tritt erst seit wenigen Jahren auf.
Sie ist beschränkt auf ein eng begrenztes Gebiet.
Sie befällt besonders reine Vertreter der negriden Rasse.
Sie richtet sich gegen deren Nachwuchs.
Sie ist unheilbar und führt in vielen Fällen innerhalb kurzer Zeit zum Tode.
Sie ermöglicht durch das Kopfnicken eine eindeutige Identifizierung der Befallenen.
Ihr Auslöser ist wahrscheinlich ein auf die genetische Disposition der Betroffenen abgestimmter Erreger.

Wir haben hier genau die Situation, die wir beim Einsatz einer »Genbombe« **zu Testzwecken** erwarten würden. Von daher könnten meine Leser, die mich auf diese Variante hingewiesen haben, zumindest im Besitz einer Teilwahrheit sein. Dass eine »Genbombe« deshalb eine Rolle beim globalen Machtwechsel spielt, glaube ich aus den hier genannten Gründen jedoch nicht. Mir drängt sich darüber hinaus aber ein anderer schrecklicher Verdacht auf ...

Versteckt sich hinter dem UFO-Phänomen nicht vielleicht doch nur eine alternative Weltraumfahrt der Amerikaner?

Ich bin auf diese Frage in der Vergangenheit schon an der einen oder anderen Stelle eingegangen, möchte das Thema hier jedoch noch einmal vertiefen. Es scheint sich dabei tatsächlich um die einfachste Lösung des UFO-Phänomens zu handeln. Weder müssen Außerirdische als Urheber der seltsamen Flugobjekte herhalten, noch wird eine ominöse Dritte Macht benötigt.

Ich sage es gleich vorweg: Ich halte von dieser Theorie überhaupt nichts. Die Wahrheit ist eben manchmal kompliziert. Trotzdem möchte ich die Befürworter der alternativen Weltraumfahrt Punkt für Punkt zu Wort kommen lassen. Als Konsens in diesem argumentativen Schlagabtausch wird vorausgesetzt: Das Flugverhalten vieler UFOs ist dann erklärbar, wenn die stattgefundene Entwicklung eines revolutionär neuen Antriebs unterstellt wird. Nach unserem heutigen Kenntnisstand kann eigentlich nur ein Feldantrieb, der die Schwerkraft aufhebt, dafür infrage kommen. (1)

Bei einem Blick in die Geschichte wird schnell klar, dass die ersten zu diesen sensationellen Antrieben führenden Entwicklungsschritte nicht von den Amerikanern gegangen worden sein können. Die früheste Form der unbekannten Flugobjekte, die als »foo-fighter« bezeichneten Feuerbälle, konnten erstmals über den Kriegsschauplätzen in Europa und Asien zum Ende des 2. Weltkrieges beobachten werden. Deren Aktivitäten kamen immer kurz bevor die unterlegene kriegführende Seite, also die Deutschen bzw. etwas später die Japaner, die Kampfhandlungen einstellten, zum Erliegen. Von ähnlichen Beobachtungen aus dieser Zeit über dem amerikanischen Kontinent liegen dagegen keine Berichte vor. (1,2) Ja, es existiert nicht der geringste Hinweis dafür, dass seitens der Amerikaner bis zum erstmaligen Auftauchen der UFOs in ihrem Luftraum im Juni des Jahres 1947 überhaupt Entwicklungsarbeiten in Richtung dieser Antriebe und der typischen Formgebung in Gestalt der »Fliegenden Untertassen« vorgenommen worden sind. Dass die Deutschen dagegen gleich an mehreren Projekten gearbeitet haben, kann durch verschiedene glaubhafte Überlieferungen als bestätigt gelten. (1)

Daraus ließe sich mit etwas gutem Willen immer noch eine Schlussfolgerung im Sinne der Theorie der alternativen Weltraumfahrt ziehen: Die Amerikaner haben sich wie in so vielen anderen Fällen – bestes, weil bekanntestes Beispiel bleibt immer noch die Rakete V2 – die erbeutete Technologie ihres deutschen Kriegsgegners angeeignet und sie später weiter entwickelt – im Unterschied zur deutschen Raketentechnik dann eben in einem so genannten »schwarzen Programm«. Klingt plausibel, oder?

Die UFO-Sichtungen in der ganzen Welt künden damit von den massiven Luftraumverletzungen, die von den Amerikanern über mehr als sechs Jahrzehnte auf allen Kontinenten begangen worden sind. In diesem Kontext kann dann auch die massive Geheimhaltung, die eingegangenen diplomatischen Verwicklungen an der Schwelle zu einem dritten Weltkrieg sowie nicht zuletzt die Gefährdung der eigenen Piloten am Beispiel des Aufklärungsflugzeuges U-2 nur als der Tarnung dieses »schwarzen Projektes« dienend interpretiert werden. Gar nicht zu reden von dem Stress, den sich die Amerikaner über Jahrzehnte mit ihrem vergleichsweise primitiven Space-Shuttle-Programm angetan haben. Der Wahnsinn hat Methode, mehr als dieser Satz fällt mir dazu nicht ein.

Völlig unberücksichtigt bleibt im Rahmen dieses Schemas auch die Tatsache, dass die unbekannten Flugobjekte ausgerechnet am ersten Jahrestag der Verhaftung der Reichsregierung Dönitz ihr Comeback am Himmel über Europa feierten und in den Monaten danach zuerst den Luftraum über Nord-, später dann auch über Südeuropa unsicher machten. Erneut sind gleichlautende Beobachtungen aus Nordamerika in diesem Zeitraum nicht bekannt geworden. (1)

Und was ist in diesem Zusammenhang vom Twining-Report aus dem September 1947 zu halten? Diese Kommunikation zwischen zwei der ranghöchsten Militärs der US-Luftwaffe, der Absender ist immerhin Chef der Entwicklungsabteilung, kündet von der absoluten Überraschung der Amerikaner gegenüber dem UFO-Phänomen, mit dem sie sich seit einem Vierteljahr über ihrem eigenen Land konfrontiert sehen. (1)

Die unbekannten Flugobjekte der unmittelbaren Nachkriegszeit waren im Luftraum präsent, noch bevor die Amerikaner überhaupt begriffen hatten, was vor sich ging und lange bevor eigene Entwicklungsarbeiten auch nur in Erwägung gezogen wurden. Woher hätten die UFOs dann noch kommen sollen, wenn nicht aus dem Einflussbereich der von uns so bezeichneten Dritten Macht?

Wem das jetzt als Beantwortung der Frage noch nicht reicht, gut, wir können gern noch weiter in die Details gehen. Hin und wieder wird behauptet, SS-Oberguppenführer Kammler habe sich nach Kriegsende zu den Amerikanern abgesetzt und sich durch den Verrat der geheimsten Rüstungsprojekte des Dritten Reiches, darunter auch der Flugscheibenentwicklungen, eine ungefährdete Zukunft erkauft. In »Götterwagen und Flugscheiben« hatte ich mich ausführlich mit dem vermeintlichen Ende Kammlers am 9. Mai 1945 südlich von Prag auseinandergesetzt und meiner Theorie Nachdruck verliehen, dass dieser Mann, der in den letzten Monaten des Krieges als Einziger den Überblick, sowohl über sämtliche noch laufende geheime Entwicklungen, als auch über die getroffenen Schutz- und Evakuierungsmaßnahmen hatte, im nördlichen Bereich des SS-Truppenübungsplatzes Böhmen »abgeholt« worden ist. Er war nicht nur der Organisator, er war selbst auch Teil der Evakuierung. (2)

Was immer aus Kammler geworden ist, hätte er zu den Amerikanern gewollt, er wäre nicht aus der Marschkolonne des Befehlshabers der Waffen-SS im Protektorat Böhmen und Mähren ausgeschert. Diese hatte ja die amerikanischen Linien zum Ziel.

Auch hätten Kammlers Kenntnisse, egal auf welcher Seite auch immer, kurzfristig durchschlagende Erfolge bei der Entwicklung neuartiger Waffensysteme zeitigen müssen, so zum Beispiel bei der Entwicklung von Interkontinentalraketen, neuartigen Atomwaffen und der U-Boote mit dem revolutionären Walther-Antrieb, die allesamt im Mai 1945 die Entwicklungsstufe des Prototypen schon hinter sich gelassen hatten. (1) Nichts in dieser Richtung geschah, die Alliierten benötigten Jahre, um hier aufzuschließen. Das zeigt, Kammler hat sich und sein Wissen weder den Amerikanern, noch, wie auch manchmal behauptet wird, den Russen zur Verfügung gestellt, sondern hat sich in den Einflussbereich der Dritten Macht begeben.

Auch dass die Amerikaner irgendwann später, in den auf das Kriegsende folgenden Jahrzehnten einen Durchbruch auf dem Gebiet der UFO-Forschung geschafft haben, kann ausgeschlossen werden. Wenn der bekannte britische Journalist, der langjährige verantwortliche Redakteur des Luftfahrtteils des renommierten Militärjournals *Janes's Defense Weekly*, Nick Cook, während seiner mehrjährigen Recherchen zu diesem Thema nichts herausgefunden hat, mag das vielleicht noch nicht allzu viel bedeuten. (18) Schwerwiegender ist, dass Geheimentwicklungen dieses Ausmaßes, insbesondere aber ein zweites Weltraumprogramm, mit Sicherheit während des Kalten Krieges von der jeweils anderen Seite aufgeklärt und nach dem »Fallen des Eisernen Vorhanges« auch öffentlich gemacht worden wären. Nichts, aber auch rein gar nichts ist bis heute über ein solches in seinen Konsequenzen für das herrschende Demokratieverständnis gravierendes, seinen wissenschaftlich-technischen Implikationen epochales und seinem Ausmaß überaus umfangreiches über mehrere Jahrzehnte laufendes »Schattenprogramm« bekannt geworden. Nicht einmal die uns von den vermeintlichen UFO-

Abstürzen von Roswell, Kecksburg etc. bekannten zahlreichen »Tritt-brettfahrer«, die angeblichen Augenzeugen also, sind uns im Fall der alternativen Weltraumfahrt bisher begegnet, obwohl diese innerhalb der Verschwörungstheorien nicht gerade eine Außenseiterrolle fristet. Allein dieser letzte Umstand ist meiner Ansicht nach schon Aus-schlusskriterium genug.

Es hat sich oftmals als hilfreich erwiesen, so manche vorgebrachte Theorie auch hinsichtlich ihrer ökonomischen Realisierbarkeit zu hin-terfragen. Aus welchen *black budgets* wäre eine alternative Weltraum-fahrt der Amerikaner denn zu finanzieren gewesen? Der Haushalt der amerikanischen Weltraumbehörde NASA ist leicht nachzuprüfen und umfasst keine »schwarzen Posten«. Am ehesten könnten sich für die-sen Zweck bereit gestellte Mittel in geheimen Haushaltsposten der US Air Force finden lassen, einem Teiletat des gesamten Pentagon-Haus-haltes. Gegen Ende der 90er Jahre des letzten Jahrhunderts lagen die Aufwendungen für die geheimen Forschungs- und Rüstungsprojekte der Air Force bei elf Milliarden und im Jahr 2006 bei noch neun Mil-liarden Dollar. (18) Etwas wenig für meinen Geschmack, um neben anderen geheimen Projekten davon auch noch eine verborgene Welt-raumfahrt zu unterhalten.

Noch eines: Im Falle ihrer tatsächlichen Existenz hätte diese dann auch schon den Mars mit bemannten (!) Raumschiffen erreicht. Denn wenn nicht die Dritte Macht, wie ich in »Die Zukunft hat längst begonnen« geschrieben habe, für das unplanmäßige Ende so vieler Marsmissio-nen verantwortlich ist, sondern ihre verborgene Alternative, heißt das nichts anderes, als dass die Amerikaner längst auf dem Mars ange-kommen sein und dabei in drei Fällen ihre eigenen Geräte vom Him-mel unseres Nachbarplaneten geholt haben müssen. (1) Wie man es auch dreht und wendet, das Ganze wird um keinen Deut plausibler. Lassen wir es dabei bewenden.

3.

MANIFESTATIONEN DER
DRITTEN MACHT

Wenn ich in der Vergangenheit von Manifestationen der Dritten Macht geschrieben habe, so bezog sich das nahezu ausschließlich auf das UFO-Phänomen. Ohne Zweifel ist darin die dauerhafteste, am meisten verbreitete und zudem im öffentlichen Bewusstsein populärste Äußerung dieser bisher im Hintergrund wirkenden Kraft zu sehen. Vernachlässigt – auch durch mich bisher, ich gebe es zu – werden dabei oft jene anderen »Offenbarungen«, die von mir bisher lediglich in einer kurzen Randnotiz in meinem ersten Buch thematisiert worden sind: »Der künftigen Forschung bleibt es vorbehalten, in Erfahrung zu bringen, ob solche von manchen als Teilaspekte des UFO-Phänomens aufgefasste Erscheinungen, wie zum Beispiel die Tierverstümmelungen (Mutilations) und die auf den Feldern vieler Länder aufgetauchten seltsamen Muster (Kornkreise), mit den Aktivitäten der Dritten Macht in einem Zusammenhang stehen. Eine Verbindung zwischen diesen Phänomenen zu vermuten, erscheint zumindest nicht sonderlich abwegig.« (1) Nachfolgend soll geprüft werden, ob sich dieser Anfangsverdacht erhärten lässt.

Agroglyphen

Früher wurde allgemein von Kornkreisen gesprochen, wenn die Rede auf die in den Feldern Südenglands niedergelegten Formationen gekommen ist. Dieser Begriff bedarf schon lange einer gleich mehrfachen Revision. Die anfänglichen Kreise entwickelten sich recht bald zu einfachen Piktogrammen und wenig später dann zu immer komplexer werdenden Formgebungen, bei denen der kreisförmige Wirbel jedoch immer bestimmendes Strukturelement geblieben ist. Auch nicht mehr beschränkt nur auf Getreidefelder hat sich der Begriff der Kornkreise heute gewandelt, und man spricht treffender von Agroglyphen. Und von den Feldern Südenglands hat sich das Phänomen schon längst in die ganze Welt verbreitet.

Der Autor besuchte im Rahmen einer Studienreise im Sommer des Jahres 1992 die Felder in der Grafschaft Wiltshire, auf die sich damals die Zeichen im Korn konzentrierten. An fünf Tagen fuhr ich im ungewohnten Linksverkehr kreuz und quer durch die Gegend, immer auf der Suche nach neuen Formationen. Übernachtet wurde am Rande der Felder gleich im extra dafür umgerüsteten Kofferraum des gemieteten

Kombis. Für Verpflegung sorgten die Pubs in den kleinen Dörfern am Wegesrand. Rückblickend war es ein nettes, kleines Abenteuer. Fasziniert von der eigenartigen Stimmung dieser weitläufigen, dünn besiedelten Landschaft, die ihren besonderen Charakter durch ihre Wahrzeichen, die monumentalen prähistorischen Stätten, von denen Stonehenge und Avebury nur die bekanntesten sind, aufgeprägt bekommt, konnten auch mehrere »Kornkreise« besichtigt werden. In einem davon, gelegen bei East Kennett, wurden – davon erfuhr ich allerdings erst einige Zeit nach meiner Rückkehr – kurz zuvor tagsüber seltsame Lichterscheinungen beobachtet, wie sie gar nicht einmal so selten im Kontext mit den Agroglyphen auftauchen. (20, Abb. 1, der Autor in der betreffenden Formation)

Wie hatte alles angefangen? Am 15. August 1980 war in einem Bericht der *Wiltshire Times* von drei seltsamen, kreisförmigen Zeichen zu lesen, die in Haferfeldern in der Nähe von Westbury, in der Grafschaft Wiltshire, erschienen waren. Jeder der Kreise hatte einen Durchmesser von fast 20 Metern. Etwas Ähnliches wäre nie zuvor gesehen worden, und man könne dafür keine Erklärung finden. (21) Am 19. August 1981 wurde östlich der Stadt Winchester der nächste Fund gemeldet. Wiederum waren es drei Kreise, angeordnet nunmehr wie auf einer geraden Linie. Das Jahr 1982 brachte nichts Neues. Nur wenige Einzelkreise wurden dokumentiert.

Dann tauchte 1983 der erste »Fünfling« auf, und mit ihm »entstand in der Öffentlichkeit Großbritanniens ein Bewusstsein dafür, dass hier etwas Außergewöhnliches vor sich ging«. (21) Seit 1986 wurden zunehmend neue geometrische Elemente vermeldet, zum Beispiel Kreise mit Außenringen, Formationen mit verschiedenen Lagemustern bis hin zu den ersten »Langpiktogrammen«, mehreren durch »Kanäle« niedergedrückten Getreides verbundenen Kreisen, teilweise in absonderlichen Formen wie den so bezeichneten »Insekto- und Delfinogrammen«.

Ende 1991 präsentierte sich erstmals ein wirkliches Piktogramm, also ein Symbol mit allgemein verständlicher Bedeutung, als Kornkreismuster im Feld. Es handelte sich um eine Variation der so genannten Mandelbrot-Menge, einer geometrischen Figur der Chaosmathematik, die das Produkt einer hoch komplexen mathematischen Formel ist, die sonst lediglich mithilfe von Computern korrekt dargestellt werden

kann. (22, Abb. 2) In den Folgejahren explodierte geradezu ein unge-
heurer Formenreichtum auf den Feldern Südenglands. Ich kann hier
nur auf die umfangreiche Literatur und das Internet als Quelle verweisen.

Die wohl beeindruckendste Formation entstand in der Nacht zum 12.
August 2001. Sie beanspruchte eine Fläche von über 50.000 Quadrat-
metern und setzte sich aus 409 Einzelkreisen zusammen. (Abb. 3)
Wenn auch die Anzahl der Agroglyphen von Jahr zu Jahr großen Schwan-
kungen unterworfen war und man in den letzten Jahren den Eindruck
gewinnen konnte, als hätte insgesamt gesehen das Phänomen seinen
Höhepunkt überschritten, so ist ein Ende trotzdem noch nicht abzusehen.

Nicht nur neue Formen sind von Jahr zu Jahr aufgetreten, auch die In-
ternationalität der Agroglyphen hat zugenommen. Bisher wurden mehr
als 7.000 »Kornkreise« in über 60 Ländern (Stand Anfang 2012) rund
um den Globus dokumentiert. (23) Unbenommen bleibt der Süden
Englands, die Gegend um die gigantischen Steinsetzungen von Stonehenge und Avebury, mit einem jährlichen Anteil von 50-80% weiterhin
das Zentrum der Kornkreisaktivitäten. Allein im Jahr 1999, in dem weltweit 240 Formationen gezählt wurden und das damit, was die Anzahl
der Agroglyphen betrifft, einen der Höhepunkte darstellt, entfielen 160
auf die fragliche Region. Mit weitem Abstand folgen die Niederlande,
Deutschland, Tschechien und Nordamerika. (22) Auch in Irland, Italien,
der Slowakei, Russland, der Ukraine und Mexico kündeten – hier beispielhaft für das Jahr 2011 – die Formationen im Korn von der welt-
weiten Präsenz der »Circle Maker«. Und selbst Indonesien blieb nicht
ausgespart. (24) Über das Warum dieser auffälligen Konzentration im
Süden Englands werde ich am Ende dieses Abschnittes meine Ansicht
darlegen.

Wenn auch das Phänomen »Kornkreise« sich erst ab Mitte der 80er
Jahre des letzten Jahrhunderts einer gewissen medialen Aufmerksamkeit erfreut, so kann anhand vorliegender Berichte als zweifelsfrei erwiesen gelten, dass einzelne Kreise niedergedrückten, verwirbelten
Grases oder Getreides nicht nur im Süden Englands sondern auch in
anderen Erdgegenden schon vor dieser Zeit von der Landbevölkerung
beobachtet worden sind – und das über viele Jahrhunderte. (25) Nur
handelte es sich dabei eben nicht um komplexe bildhafte Formationen,

sondern um einfache kreisförmige Verwirbelungen, wie man sie als Ausdruck eines meteorologischen Geschehens vermuten würde. Tatsächlich existieren genügend Berichte über »fahrende Wirbelwinde«, die als Verursacher einfacher Kreisbildungen beobachtet werden konnten. (21)

Hinzu gekommen ist seit den 90er Jahren des letzten Jahrhunderts eine sich mehr und mehr profilierende Fälschergemeinde, die das zunehmende öffentliche Interesse für ihre ganz eigenen Zwecke auszunutzen verstand. Die Beteiligten verstehen sich als Landschaftskünstler, die in Konkurrenz zueinander stehen und darum wetteifern, wer die größten und schönsten Formationen unerkannt ins Feld zu legen vermag, damit die »Fachwelt« wieder etwas zum Staunen hat. Dabei haben sie in nunmehr über zwei Jahrzehnten eine Meisterschaft entwickelt, die es auf den ersten Blick nicht immer einfach werden lässt, die »künstlichen« von den »echten« Agroglyphen zu unterscheiden. (25) Wobei diese Unterscheidung in die falsche Richtung zielt, weil sie »künstlich« dem »von Menschen gemacht« gleichsetzt und »echt« auf diese Weise als »nicht menschlich verursacht« definiert.

Fest steht, wie wir gleich sehen werden, dass die Rollen und Bretter der Fälscher eine Reihe in den Agroglyphen festgestellter spezieller Effekte nicht nachbilden können, so dass außer Zweifel steht, dass in diesem Sinne sich ein echtes Phänomen manifestiert. Die Verursacher deswegen gleich als nicht menschlich abzutun, scheint aus meiner Sicht zumindest voreilig zu sein.

Was sind Merkmale, die mit den herkömmlichen Fälschermethoden nicht kopiert werden können?

– Veränderungen der Zellwandtüpfel: Bei diesen handelt es sich um winzige Öffnungen zwischen den Zellmembranen. Sie dienen dem Nährstoffaustausch und -transport innerhalb der Pflanze. Die Tüpfel der Pflanzen aus den »echten« Agroglyphen waren um ein Vielfaches ausgedehnt, während die der Pflanzen aus den Kontrollproben, das heißt der Pflanzen aus dem unbeeinträchtigten Umfeld von Kornkreisformationen sowie die aus den Machwerken der Fälscher keine anomalen Veränderungen zeigten. Wie Experimente ergaben, konnten die festgestellten Zellwandanomalien reproduziert werden, indem die Pflanzen einer Mikrowellenstrahlung ausgesetzt wurden. (22)

– Anomalien der Wachstumsknoten: Als solche werden Verdickungen am Gras- oder Getreidehalm bezeichnet. Diese Kraftzentren der im »Kornkreis« befindlichen Pflanzen sind im Gegensatz zu den Kontrollproben um ein Vielfaches ausgedehnt und weisen zudem oft Biegungen zwischen 25 und 90 Grad auf. Dass diese Anomalie sich nicht, wie ursprünglich vermutet, auf den Drang der Pflanze sich gemäß den Gravitationskräften (Gravitropismus) bzw. nach der Lichtquelle (Fototropismus) auszurichten und sich damit aus der horizontalen wieder in die vertikale Lage zu begeben, zurückgeführt werden kann, ist in zweierlei Hinsicht belegt. Sie wurde bereits an Pflanzen vorgefunden, die sich noch nicht wieder aufgerichtet hatten und konnte auch an den stehengebliebenen Teilen einer Formation beobachtet werden. Dagegen spricht weiterhin, dass das Anwachsen der Knoten von der Entfernung zum Kreismittelpunkt abhängt. Auch dieser Effekt konnte im Labor unter Einsatz einer Mikrowellenstrahlung simuliert werden. Von Interesse ist, dass nach einer Bestrahlungszeit von mehr als 20 Sekunden die Schrumpfung des zuvor ausgedehnten Gewebes einsetzte. Damit ist die maximal zur Verfügung stehende Entstehungszeit einer »echten« Kornkreisformation vorgegeben. (22,25)

– Verändertes Keim- und Wachstumsverhalten: Unter normalen Bedingungen sollte der Unterschied zwischen den Proben, unabhängig davon ob es sich um eine Kontroll- oder Formationsprobe handelt, +/- 5% nicht wesentlich überschreiten. Gemessen wurden jedoch Unterschiede von bis zu 30%. (22)

– Magnetisches Material in den aus den Agroglyphen gewonnenen Bodenproben: Die Konzentration dieser Partikel überstieg den Normalwert von 0,4 mg/g in zahlreichen Fällen um ein Vielfaches. Es wurden Überschreitungen um das Zehnfache bis um das 700-fache gemessen. In Laboranalysen zeigten die Anreicherungen deutliche Merkmale hoher Temperatureinwirkung. (22)

– Ein erhöhter Nitrat- und Stickstoffgehalt: In einigen Formationen lagen die Werte um 90 bis 400% über denen der Kontrollproben, was auf den kurzfristigen Einfluss elektrischer Felder zurückzuführen ist. (25)

- Eine erhöhte Kristallinität der Tonmineralien: Diese wurde durch geomineralogische Tests an anorganischen Bodenproben nachgewiesen. Unter natürlichen Bedingungen kommt es zu einer solchen Veränderung unter enorm hohem und langem geologischen Druck oder bei über mehrere Stunden wirkenden Temperaturen von 600 bis 800 Grad Celsius. Beide möglichen Einflussfaktoren konnten aufgrund des Zustandes der Pflanzen ausgeschlossen werden. Dr. Robert C. Reynolds, einer der weltweit führenden Experten auf dem Gebiet der Tonmineralien und der zur Analyse der Bodenproben angewandten Röntgendiffraktometrie, bemerkte nach den Untersuchungen: »Wir haben es hier mit einer Energie zu tun, die der Wissenschaft momentan noch unbekannt ist.« (25)
- Unmögliche Geometrien: Dabei handelt es sich um geometrische Entwürfe von Formationen, deren Muster nur angelegt werden können, wenn bei der praktischen Realisierung zuvor unabdingbar notwendige Konstruktionselemente wegretuschiert werden. Was auf dem Zeichenbrett oder im Computer machbar erscheint, wird im Feld zur Unmöglichkeit, weil Getreide, das einmal niedergelegt wurde, nicht wieder aufgerichtet werden kann. Dieses Merkmal konnte bisher nur in Einzelfällen beobachtet werden. (22)
- Neue geometrische Lehrsätze: Geradezu unglaublich klingen die Resultate geometrischer Analysen von Kornkreisen durch den renommierten US-amerikanischen Mathematiker und Astronomen Gerald S. Hawkins, zeigen sie doch eine Geometrie, wie sie in dieser Form zuvor noch nie formuliert wurde. In der Februarausgabe 1992 der *Science News* veröffentlichte Hawkins vier der fünf von ihm anhand der Kornkreise entdeckten neuen Lehrsätze. (22)

Neben den genannten bei der Entstehung der Agroglyphen zu verzeichnenden Sekundäreffekte hat auch ein in mehreren Fällen auftretendes Trillergeräusch, das sich unabhängig von der Tageszeit innerhalb schon bestehender oder kurz vor der Bildung neuer Formationen manifestiert, für Aufsehen gesorgt. »Es wird manchmal als eine Art elektrostatisches Schnattern oder Knistern, manchmal als hohes Schwirren oder Flattern beschrieben.« (21) Ich wurde erstmals Zeuge dieses seltsamen Geräusches, als ich meinen Autorenkollegen Mathias Kappel Anfang der 90er Jahre zu einem Kongress über Prä-Astronautik begleitete, auf dem die Kornkreisforscher Andrews und Delgado eine Tonbandaufnahme abspielten. Später geriet eine Vogelart, der Feldschwirl, in Verdacht, das Geräusch verursacht zu haben. Dagegen spricht, dass ich mich in späteren Jahren selbst drei Mal mit einem verblüffend ähnlichen Geräusch konfrontiert gesehen habe, allerdings in einem natürlichen Umfeld, das dem Feldschwirl mit Sicherheit keine Heimat bietet. Über diese Erlebnisse werde ich in meinem nächsten Buch berichten.

Fazit: Die »echten« Agroglyphen werden nicht mit den traditionellen Werkzeugen der Kornkreisfälscher hergestellt. Ursache ist eine vorerst nicht eindeutig zu definierende Kraft. Deren Wirkung geht einher mit hohen Temperaturen, kurzfristig generierten elektrischen Feldern sowie einer erhöhten Strahlungsintensität im Mikrowellenbereich. Zudem verfügt sie über einen intellektuellen Hintergrund.

Die aufgeführten Kriterien haben ihre Eignung für eine aussagekräftige Expertise der Agroglyphen hinsichtlich »echt« und »gefälscht« schon an mehreren Beispielen hervorragend bewiesen. Ihre Anwendung auf die besonders spektakulären Formationen »Gesicht und Botschaft« gegenüber dem Radioteleskop von Chilbolton in Hampshire aus dem Jahr 2001 sowie auf den »Alien mit Datenscheibe« (Abb. 4) aus dem Jahr 2002 ergab einen eindeutigen Negativbeweis. Die für die »echten« Zeichen im Korn charakteristischen pflanzenphysiologischen Veränderungen konnten in diesen Fällen nicht beobachtet werden. (25) Es handelte sich um unter Zuhilfenahme konventioneller Methoden mit großer Raffinesse ausgeführte Arbeiten. Während die intelligente Kraft hinter dem Kornkreisphänomen bis dahin keine eindeutige Botschaft übermittelt hatte, sollten mit diesen Schöpfungen die Deutungsversuche in eine bestimmte Richtung, in die der Außerirdischen als Urheber, gelenkt werden. Dieser Versuch ist gründlich misslungen. Die Frage nach den tatsächlichen Verursachern blieb weiterhin akut.

In einem Fall konnte die Entstehungszeit einer komplexen Formation mit hinreichender Genauigkeit ermittelt werden. Auch dieses Ergebnis spricht eindeutig gegen die Fälscherhypothese. Am 7. Juli 1996 gegen 17.30 Uhr überflog ein Pilot ein Feld in unmittelbarer Nähe des Steinmonuments von Stonehenge. Eine Viertelstunde später passierte er die gleiche Stelle noch einmal und entdeckte dabei eine vollendete Konfiguration aus 149 Kreisen. Unabhängig vom Piloten bestätigten Farmarbeiter, die bis 17.30 Uhr mit Ausbesserungsarbeiten an der Feldbegrenzung beschäftigt waren sowie die Aufseher von Stonehenge und aufmerksame Touristen, dass in der Zeit zuvor nichts Auffälliges festzustellen gewesen wäre. Nach Auswertung aller Aussagen muss die Formation innerhalb von 15 Minuten entstanden sein. (22)

Nachdem sich nicht länger leugnen ließ, dass die »echten« Agroglyphen einer fortschrittlichen Technologie ihre Entstehung verdankten, erblickte eine neue Theorie zu ihren Verursachern das Licht der Welt: Die Militärs, Geheimdienste oder andere, nicht genauer zu definierende Interessengruppen aus Regierungskreisen, sollen Stealth-Flugzeuge eingesetzt und die »Kreise« mit Strahlenwaffen geschaffen haben.

Was ist davon zu halten? Aufgrund der Mindestgeschwindigkeiten und der waffentechnischen Ausrüstung der bekannten Tarnkappenjets kommt eher eine fliegende Plattform mit Stealth-Eigenschaften, die als Träger der behaupteten Strahlenkanone dient, für einen solchen Einsatz in Frage. Unabhängig von ihrer Radarunsichtbarkeit muss eine solche Plattform, um nicht öffentlich aufzufallen, jedoch auch im optischen Bereich unsichtbar sein. (26) Von der Existenz einer solchen Technologie im Besitz der Amerikaner, Engländer oder Russen, die zudem schon vor über 20 Jahren einsatzbereit gewesen sein müsste, ist nichts bekannt. Berücksichtigt man darüber hinaus die Tatsache, dass die Agroglyphen mittlerweile aus über 60 Ländern gemeldet worden sind, wäre ähnlich wie beim UFO-Phänomen mit ihrem Einsatz die massenhafte Verletzung des internationalen Luftraumes verbunden gewesen.

Gerade dieser letzte Aspekt verdient eine besondere Beachtung, ist es doch gerade die Dritte Macht, die es sich aus Gründen ihrer vermeintlichen Nichtexistenz leisten kann, auf internationales Recht keinerlei Rücksicht zu nehmen. Zudem verfügt sie schon seit längerem über die erforderliche Unsichtbarkeitstechnologie. (3)

Dass UFO- und Kornkreisphänomen tatsächlich miteinander verbunden sind und damit die Frage nach der Urheberschaft der Agroglyphen beantwortet werden kann, zeigen die vielen im Zusammenhang mit den Zeichen im Korn stehenden Sichtungsfälle unbekannter Flugobjekte, sowohl tagsüber, als auch bei Nacht.

Das erste, auch als Telemeterscheibe bezeichnete Objekt konnte am 26. Juli 1990 von dem bekannten Kornkreisfotografen Steve Alexander in der Nähe eines Langpiktogramms auf Video gebannt werden. Die höchstens fußballgroße, kugelförmige, das Sonnenlicht reflektierende Erscheinung tauchte zwischen die Halme des Getreides in das Feld ein, überquerte eine Hecke und das angrenzende Feld, passierte einen Traktor und verschwand in der Ferne. Wie sich später herausstellte, hatte auch der Traktorfahrer den Flugkörper wahrgenommen. Ähnliche Tagaufnahmen unbekannter Flugobjekte über den Agroglyphen gelangen später noch mehrere Male. Wie schon berichtet, konnte auch ich während meines Aufenthaltes im Kornkreisgebiet eine Formation untersuchen, in der kurz zuvor eine solche Mini-Flugscheibe fotografiert worden war. Darüber hinaus gelang über die Jahre eine ganze Reihe spektakulärer Nachtaufnahmen selbstleuchtender Feuerbälle über den Kornkreisfeldern. Die beste Übersicht hierzu gibt das Buch »Mysterious Lights and Crop Circles« der bekannten amerikanischen Journalistin Linda Moulton Howe. (27)

Wenn auch das häufige Auftauchen von UFOs über den Agroglyphen eine Verbindung der zwei Phänomene nahelegt und die messbaren pflanzenphysiologischen Veränderungen sowie die anderen genannten rätselhaften Eigenschaften den Einsatz einer unbekannten, maximal 20 Sekunden einwirkenden Energieform wahrscheinlich sein lassen, so fehlte bisher noch der ultimative Beweis, dass unbekannte Flugobjekte die Zeichen im Korn direkt verursachen. Oder liegt dieser Beweis vielleicht schon vor?

Am Morgen des 11. August 1996 kam es zu einer auf Video dokumentierten Kornkreisentstehung unter Beteiligung zahlreicher kugelartiger Lichtphänomene bei Oliver's Castle. Die große schneeflockenartige Formation entstand in weniger als acht Sekunden. (22) Ein Jahr später erklärte sich ein selbsternannter Fälscher und entschuldigte sich gegenüber der Öffentlichkeit für sein Machwerk. Schon damals weckten einige Inkonsistenzen in den Aussagen des Mannes den Verdacht, dass hier etwas nicht stimmen könne. Seither kam die Diskussion über den wahren Hintergrund des Videos nie gänzlich zur Ruhe.

Erst im Herbst des Jahres 2011 wurden im Ergebnis neuer Recherchen Argumente vorgebracht, die die Aussagen des vermeintlichen Fälschers eindeutig zu widerlegen scheinen. (28) Das Video bestätigt damit die Aussagen anderer Augenzeugen, die eine Bildung der Agro-glyphen unter dem direkten Einfluss dieser unbekannten Flugobjekte beobachtet haben wollen. (22,27)

Wenn, wie mit einer Vielzahl an Hinweisen verdeutlich werden sollte, UFO- und Kornkreisphänomen eine Einheit bilden, und damit die Dritte Macht als Verursacher des »Kornkreisphänomens« enttarnt wer-den konnte, stellt sich noch die Frage nach der bei der Schaffung der Agroglyphen angewandten Technologie und auch die nach dem letzt-endlichen Zweck dieser Zeichen im Korn.

Zur ersten Frage geben uns die beobachteten »Feuerbälle« schon einmal die Richtung vor, in der eine Lösung zu suchen ist. Die »Feu-erbälle« als Spezialform der als UFOs bezeichneten Flugobjekte wur-den zuerst im Herbst 1944 über der deutschen Westfront beobachtet. Die alliierten Flugzeugbesatzungen bezeichneten sie als »foo fighter«. Ausgangspunkt ihrer Entwicklung war das Projekt »Die Glocke«. Das erste Ergebnis dieses seit 1942 laufenden revolutionären Forschungs-programms waren eben jene »Lichtkugeln«, deren Flugeigenschaften den Gesetzen der Aerodynamik zu widersprechen schienen, anders ausgedrückt – es handelte sich bei ihnen um die ersten Fluggeräte mit Antigravitationsantrieb. (1,2)

Voraussetzung für ihr Funktionieren ist das Vorhandensein einer Tech-nologie, die die Generierung von Torsionsfeldern ermöglicht. Solches kann der Theorie nach erreicht werden, indem ein durch elektrischen Strom erzeugtes Plasma (ionisiertes Gas) einen Plasmawirbel ausprägt. Die Bildung dieser so genannten Plasmoide geht einher mit der Erzeu-gung von Magnetfeldern sowie charakteristischen Leuchterscheinungen durch die Emission einer ionisierenden Strahlung. (1) Wie sich unschwer erkennen lässt, entstehen auf diese Weise alle Einflussfaktoren für die Herausbildung der oben genannten Sekundäreffekte in den »echten« Agroglyphen. Zu dieser Erkenntnis gelangten letztendlich auch die Wis-senschaftler, die Proben aus den Formationen im Korn in ihren Labors untersuchten. Der wohl bekannteste unter ihnen, der Biophysiker Dr. Levengood, formulierte seine Hypothese über die Entstehung des Korn-kreisphänomens wie folgt: »… ein sich drehender Plasma-Vortex unbe-kannter Herkunft als Quelle einer gepulsten Mikrowellenstrahlung.« (27)

Zusammengefasst hat unser Exkurs in die Vergangenheit und Gegen-wart des Kornkreisphänomens ergeben, dass die weltweit registrierten

Agroglyphen ihre Entstehung drei Verursachern verdanken, wie sie unterschiedlicher nicht sein können: Einer Komponente der Meteorologie, der sich von Jahr zu Jahr vervollkommnenden Fälschergemeinde sowie der Dritten Macht, die über ihre Manifestation im UFO-Phänomen auch für die »echten« Zeichen im Korn verantwortlich ist. Fast will es scheinen, als wäre die Dritte Macht erst »auf den Zug aufgesprungen«, als für sie ersichtlich wurde, dass sich die ersten, Mitte der 80er Jahre des letzten Jahrhunderts von den Naturkräften erzeugten Kreisformationen aufgrund des von ihnen erzeugten Medienechos gut für andere Zwecke verwenden ließen.

Welche Absichten könnte die Dritte Macht mit diesem Engagement verfolgt haben?

Sicherlich zum einen das Interesse, auf diesem Wege mehr über den Zustand und die Beeinflussungsmöglichkeiten des öffentlichen Bewusstseins zu erfahren, um die daraus gewonnenen Erkenntnisse in naher Zukunft in die Strategie zur Übernahme der Welt einfließen zu lassen. Zum anderen glaube ich, dass genauso wie mit dem UFO-Phänomen und den »Unregelmäßigkeiten« auf dem Mars auch mit den Agroglyphen eine Konditionierung der Bevölkerung unseres Planeten mit Zielrichtung auf den »Tag X« erfolgen soll. Tief im Unterbewusstsein vieler Menschen ist in der Folge dieser sich ergänzenden Handlungsstränge der Gedanke manifest geworden, dass jenseits der öffentlichen Verlautbarungen, unabhängig vom Mediengetöse, noch etwas anderes existiert, das für das weitere Schicksal der Erde von enormer Bedeutung ist.

Darüber hinaus halten die Zeichen im Korn tatsächlich für uns eine Botschaft bereit, eine Nachricht, wie sie einfacher uns von der Dritten Macht gar nicht übermittelt werden kann: Die als konstituierendes Element in jeder Formation präsenten Kreise mit ihren kunstvollen Wirbelmustern sind Ausdruck der Kraft und Überlegenheit ihrer Verursacher, die aus der Beherrschung einer Technologie resultiert, deren Kernelement in der Erzeugung von Torsionsfeldern besteht. (1,18) Das Rotationsmuster der »Kornkreise« als Synonym für die energetischen Verwirbelungen der Torsionsfelder und deren Funktion bei der Gewinnung der Nullpunktenergie und der Erzeugung von Antigravitation – das ist die Botschaft!

Auch dass sich die große Mehrzahl der Agroglyphen Jahr für Jahr rund um die monumentalen Steinsetzungen im südlichen England konzentriert, dürfte kein Zufall sein. Dahinter könnte sich eine weitere Botschaft verbergen: Die Offenbarung, dass sich die Dritte Macht in der Tradition jener vor Jahrtausenden die ganze Welt mit ihrem Schöpfertum befruchtenden nordischen Hochkultur versteht, deren Ursprünge und Ausbreitung wie auch deren Verhängnis mein Kollege Mathias Kappel in unserem Gemeinschaftswerk »Götterwagen und Flugscheiben« so überzeugend herausgearbeitet hat. (2) Liege ich richtig mit meiner Vermutung, dann wandelt die Dritte Macht auf den Spuren der »Götter«. Mit den Agroglyphen hat sie eine weit in die Vergangenheit zurückreichende Tradition neu belebt.

Tierverstümmelungen

Auch hier soll zu Beginn eine Begriffsklarstellung stehen. In der Vergangenheit wurde zur Bezeichnung dieses Phänomens häufig von Viehverstümmelungen (engl. Cattle Mutilations) gesprochen. Tatsächlich handelt es sich in ca. 90% der Fälle um Rinder, aber auch Pferde, Schafe, Ziegen und selbst Haustiere sind betroffen. (9,29)

Die erste dokumentarisch nachgewiesene und nur als rätselhaft zu bezeichnende Tierverstümmelung ereignete sich am 9. September 1967. In der Nähe von Alamosa, im Süden des US-Bundesstaates Colorado, wurde ein dreijähriges Fohlen gefunden, dessen Kopf vollständig von Fleisch und Muskeln gesäubert war. Gehirn, Organe und Rückgrat fehlten. Das Erstaunlichste daran, es fehlten auch die bei einem solchen massiven Eingriff erwarteten Blutspuren. Hinweise, die auf die Täter hätten hindeuten können, wie etwa Fuß- oder Reifenspuren, konnten nicht ermittelt werden. Dafür fanden sich in der Umgebung 15 kreisrunde Spuren von »Auspuffgasen«, bei denen Geigerzählermessungen erhöhte Strahlungswerte ergaben, sowie zwölf Meter vom Kadaver des Tieres entfernt ein 90 Zentimeter großer Kreis, bestehend aus mehreren Löchern im Boden, jedes etwa zehn Zentimeter im Durchmesser groß und bis zu zehn Zentimeter tief.

Der zu den Untersuchungen herangezogene Dr. John Altshuler, späterer Professor für Medizin (Hämatologie) und Pathologie am Health

Sciences Center der Universität von Colorado, zeigte sich noch nach vielen Jahren zutiefst schockiert darüber, was er gesehen hatte: »Schon als ich an das Pferd herantrat, sah ich, dass es auch vom Hals bis hinunter zum Brustansatz mit einem sauberen Längsschnitt geöffnet war … fast so, als seien sie mit einem modernen Laser kauterisiert worden. Aber 1967 gab es diese chirurgische Lasertechnologie noch nicht … Auf Zellebene lag eine Verfärbung und Zerstörung vor, die mit Veränderungen übereinstimmt, wie sie bei Verbrennungen entstehen … Am erstaunlichsten war das Fehlen von Blut. Ich habe Hunderte von Autopsien vorgenommen. Es ist unmöglich, in einen Körper hineinzuschneiden, ohne dass es blutet. Aber weder auf der Haut noch am Boden war Blut. Nirgendwo war Blut. Das hat mich am stärksten beeindruckt. Dann erinnere ich mich, dass im Brustkorb des Pferdes die Organe fehlten. Wer auch immer die Schnitte ausgeführt hat, hat dem Pferd Herz, Lunge und Schilddrüse entnommen. Die Brustmitte war völlig leer – und trocken. Wie nimmt man das Herz heraus, ohne dass es blutet?« (30)

Seit 1967 haben sich weltweit tausende solcher Tierverstümmelungen mit mysteriösem Hintergrund ereignet. (9) Allein in Nordamerika waren bis Ende 1992 ca. 10.000 Nutztiere betroffen. Gemeldet wurden Fälle auch aus Skandinavien, Frankreich, England, Australien und mehreren Ländern Südamerikas. (10) Ähnlich wie bei den Agroglyphen gibt das Phänomen bis heute keine Ruhe.

Wie gesagt, bei ca. 90% der verstümmelten Tiere handelt es sich um Rinder. Angesichts der Schäden für die betroffenen Farmer wurden, wie bei der genannten Größenordnung nicht anders zu erwarten war, vor allem in den Vereinigten Staaten mehrere Untersuchungen angestrengt, um die Verursacher ausfindig zu machen. Für die rätselhaften, durch typische Merkmale geprägten Verstümmelungen bisher ohne Erfolg. (30, 31) Besonders seltsam erschienen den Ermittlern die häufig im örtlichen wie zeitlichen Kontext der Vorkommnisse beobachteten unbekannten Flugobjekte und Lichterscheinungen. (30) Recherchiert wurde in verschiedene Richtungen.

Hypothetisch könnten als Auslöser des Phänomens in Frage kommen:

A: natürliche Gründe, wie Raubtiere, Krankheiten, Blitzschlag, bestimmte Gifte

B: Psychopathen, die durch das Quälen der Tiere ihre krankhaften Gelüste befriedigen

C: Angehörige satanischer Kulte, die bestimmte Teile der Tierkadaver für ihre »religiösen« Handlungen missbrauchen

D: geheime Aktivitäten von Regierungskreisen, die aus welchen Gründen auch immer an den Innereien der Tiere interessiert sind

E: die Besatzungen der beobachteten unbekannten Flugobjekte.

Welches sind zusammengefasst die charakteristischen Merkmale der rätselhaften Tierverstümmelungen?

- Ein Tier wird tot und verstümmelt aufgefunden, und der im Regelfall betroffene Farmer erkennt anhand der Umstände, dass die ihm aus seiner Berufspraxis bekannten natürlichen Gründe in diesem Fall nicht zutreffen.

- Bestimmte Teile des Tierkadavers wie Augen, Ohren, die Zunge, die Haut, innere Organe, besonders häufig die Geschlechtsorgane, fehlen.

- Die Entfernung erfolgte anscheinend mit extrem präzisen Instrumenten unter großer Hitzeeinwirkung.

- Blutspuren werden keine gefunden.

- Manchmal sind die Knochen der betroffenen Tiere gebrochen, so als wären sie aus größerer Höhe zu Boden gefallen.

- Es führen keine wie auch immer gearteten Spuren zu den toten Tieren, auch in Schnee, Matsch und nassem Gras werden solche nicht gefunden.

- Andere Tiere meiden auf sehr auffällige Weise die verstümmelten Kadaver.

- Der natürliche Verwesungsprozess vollzieht sich in einigen Fällen langsamer als ansonsten üblich.

- Im näheren Umkreis werden zeitnah häufig UFOs beobachtet.

- Von dem Vorfall in Kenntnis gesetzte Behörden, hinzugezogene Veterinärmediziner und durchgeführte Laboruntersuchungen bringen keine weitere Aufklärung.

- Oftmals werden im betroffenen Gebiet über einen kurzen Zeitraum mehrere Verstümmelungen gemeldet. (32)

Versuchen wir jetzt diese Merkmale in Beziehung zu setzen mit den potenziellen Verursachern. Auf den ersten Blick wird deutlich, dass nur die Besatzungen der UFOs bzw. im geheimen operierende Regierungskreise als Urheber in Frage kommen. Wobei zu den Letzteren sich sofort zwei Fragen aufdrängen, deren Beantwortung sie dann doch wieder aus dem Kreis der Verdächtigen ausscheiden lassen.

Warum sollten Regierungen so etwas tun? Zu welchem Zweck? Um die Daten von Tieren analysieren zu können, die ganz überwiegend Bestandteile der menschlichen Nahrungskette sind? Vielleicht, um den Einfluss der zunehmenden Umweltverschmutzung in einer geheimen Langzeitstudie zu dokumentieren? Ein an sich sicherlich sinnvolles Unterfangen, das jedoch in dieser Form der Durchführung jeglicher Logik entbehrt, wäre es für eine Regierung doch ein Leichtes, ohne diesen im Verborgenen betriebenen Aufwand den Farmern einige ihrer Nutztiere abzukaufen oder auf regierungseigenem Gelände Tiere für Versuchszwecke zu halten. Selbst wenn sich die verantwortlichen Kreise eines Landes zu einem solchen unlogischen Vorgehen entschlossen hätten, wäre damit nichts über die Verursacher der Tierverstümmelungen in den anderen Ländern gesagt.

Eine andere Frage ist die nach der eingesetzten Technologie, mit der die beobachteten Effekte an den verstümmelten Tierkadavern erzeugt werden können. Nachdem er über viele Jahre Gewebeproben verstümmelter Rinder untersucht hatte, kam Dr. Altshuler zu dem Schluss, »dass der chirurgische Eingriff, der an diesen Tieren vorgenommen wurde, sehr schnell stattfand, vermutlich innerhalb von ein oder zwei Minuten und dass zum Schneiden Hochtemperaturhitze in einer Sonde oder einem Schneidinstrument verwendet wurde«. (30) Ohne Zweifel könnte spezielle Lasertechnologie für die präzisen, unter Hitzeeinwirkung erfolgten Schnitte eingesetzt worden sein. Nur war eine solche Technologie für die Amerikaner Ende der 60er Jahre des letzten Jahrhunderts noch nicht verfügbar. Selbst 20 Jahre später hätte der benötigte Laser noch über die Größe eines mittleren Büroschreibtisches und ein Gewicht von 250 Kilogramm verfügt und ein entsprechender Eingriff an einem Rind würde eine Stunde gedauert haben. (29) Da am Boden zudem keinerlei Spuren zu den verstümmelten Kadavern führten, wäre die Entführung der Tiere durch die Luft als der einzige Ausweg aus diesem Dilemma anzusehen. Wenn aber schon nicht die benötigte Lasertechnologie zur Verfügung stand, wie dann ein noch weit fortgeschritteneres technisches Verfahren, das die Levitation der mitunter recht schweren Nutztiere ermöglichte? Nicht allein die fehlenden Spuren am Boden deuten darauf hin, dass die Verstümmelungen in der Luft stattgefunden haben. Auch die in einigen Fällen beobachteten Knochenbrüche, so als wären die getöteten Tiere aus größerer Höhe herabgefallen, sind ein Indiz dafür.

Bleiben also tatsächlich einzig und allein die Besatzungen der so oft im Zusammenhang mit den Tierverstümmelungen beobachteten UFOs als Verursacher übrig. Nur die Dritte Macht verfügt gegenwärtig über eine die Schwerkraft aufhebende Technologie, mit deren Hilfe die für die Organentnahme selektierten Tiere direkt durch die Luft in deren Fluggeräte befördert werden können. Zur Erinnerung: In meinem ersten Buch hatte ich auf einige Beispiele für den bei UFO-Entführungen auch gegenüber Menschen erfolgten Einsatz dieser »Schwebetechnik« hingewiesen. (1)

Und dass es der Dritten Macht, gestützt auf Forschungen aus der Zeit des Dritten Reiches, gelungen sein könnte, sehr viel früher als die Amerikaner und Russen die Lasertechnologie zu entwickeln und einzusetzen, darüber geben Dokumente und Zeugenaussagen aus den Archiven der Alliierten unmissverständlich Auskunft. Da der Begriff Laser (Light Amplification by Emission of Radiation) in den 40er Jahren des letzten Jahrhunderts noch nicht gebräuchlich war, wird in den Quellen von »Todesstrahlen« gesprochen.

So verweist ein Dokument des militärischen Geheimdienstes der USA auf Experimente mit diesen Strahlen, die von der Firma AEG in Berlin schon im Jahr 1939 durchgeführt worden sind. Dabei wurden Meerschweinchen auf eine Entfernung von 200 Metern getötet. (33)

Einem anderen Verhörprotokoll aus US-Beständen, dem auch eine Skizze der Versuchseinrichtung beigefügt ist, kann folgendes entnommen werden: »Bezüglich des im April 1944 stattgefundenen Experiments sagte der Kriegsgefangene aus, dass die Ratten, wenn sie mit den Strahlen beschossen wurden, über den Zeitraum einer Fünftel Sekunde phophoreszierend zu glühen begannen.« (33)

Erinnert sei auch an die Aussage des ehemaligen Generaldirektors der Skodawerke, Dr. Wilhelm Voß, zu den Arbeiten des Kammler-Stabes. Besondere Priorität genossen danach neben anderen Entwicklungen auch die Forschungen mit Laser-, den so genannten Todesstrahlen. (1)

Fazit: Die am Tatort häufig beobachteten UFOs, der Einsatz einer Antigravitations- sowie einer hoch entwickelten Lasertechnologie, wie sie anderen Regierungen im betreffenden Zeitraum nicht zur Verfügung stand, sprechen eindeutig für die Dritte Macht als Verursacher der Tierverstümmelungen.

Besondere Beachtung verdient auch der zeitliche Zusammenhang der ersten Tierverstümmelungen mit dem ebenfalls seit 1967 forcierten Programm der UFO-Entführungen. (34) Erinnert sei vor allem an die in diesem Jahr stattgefundenen Entführungen eines der wichtigsten späteren Kronzeugen, an die der Betty Andreasson. (35) Fast könnte man meinen, hier würde mehr als ein nur zufälliger Zusammenhang bestehen.

Analog zum Abschnitt über die Agroglyphen sei auch bezüglich der Tierverstümmelungen noch die Frage nach dem Zweck gestellt. Die Antworten sind nahezu deckungsgleich: Das Interesse, mehr über den Zustand und die Beeinflussungsmöglichkeiten des öffentlichen Bewusstseins zu erfahren, um die daraus gewonnenen Erkenntnisse später in die Strategie zur Machtübernahme einfließen lassen zu können sowie die Konditionierung der Bevölkerung mit Zielrichtung auf den »Tag X«. Darüber hinaus ist es für mich tatsächlich denkbar, dass die Dritte Macht auf diese Weise an Informationen über die schädlichen Auswirkungen der ohne Rücksicht auf ökologische Belange vorangetriebenen Industrialisierung auf die Biosphäre, insbesondere auch auf den Nutztierbestand, gelangen will.

Zu guter Letzt möchte ich noch auf eine weitere Verbindung zwischen den beiden Phänomenen hinweisen. Der Biophysiker Dr. Levengood, der bei der Erforschung der Zeichen im Korn Pionierarbeit geleistet hatte, untersuchte auch Grasproben von Fundorten verstümmelter Tiere. Die nachgewiesenen biophysikalischen und biochemischen Veränderungen in den Pflanzen gleichen in vielem denen in den Agroglyphen. Die Gräser müssen kurzfristig einer sehr intensiven Energie ausgesetzt gewesen sein. (31) Kein Wunder, möchte man sagen, wenn die Verursacher doch dieselben sind.

4.

NOCH EINMAL: REMOTE VIEWING

Manch einer meiner Leser mag sich verblüfft die Augen gerieben haben, als er in »Operation Tamacuari« in dem mit »Ein ungewöhnlicher Nachtrag« überschriebenen Kapitel mit ansehen musste, wie der ansonsten auf peinlich saubere Recherche bedachte Autor ins Dubiose abzugleiten drohte. Der Schatten einer Pseudowissenschaft schien die in der Vergangenheit um Klarheit bemühte Argumentation überdecken zu wollen. War es schon so weit gekommen, dass nur noch der Rückgriff auf die Parapsychologie dem Autor zu neuen Erkenntnissen verhelfen konnte?

In meinem Bemühen, keinen Weg auszulassen, um an weitere Fakten zum Thema Dritte Macht zu gelangen, hatte ich im Remote Viewing einen praktikablen Ansatz erkannt, mit dessen Hilfe es möglich sein sollte, Aufklärungsoperationen dort zu betreiben, wo die herkömmliche Recherche eines Enthüllungsautors gemeinhin versagt. Mehr denn je bin ich heute von der Wirksamkeit dieser Methode überzeugt, immer unter der Voraussetzung, dass man ihre Grenzen berücksichtigt und all jene Vorsichtsmaßnahmen einhält, welche ihr jahrzehntelanger Einsatz lehrt. (3) Die wichtigste Einschränkung, die es zu berücksichtigen gilt und letztlich haben auch die amerikanischen Geheimdienste Remote Viewing niemals anders praktiziert: Es darf wegen der Unzulänglichkeiten nicht nur des menschlichen Bewusstseins, sondern gerade auch des bei dieser Methode besonders geforderten Unterbewusstseins nicht unabhängig von anderen Aufklärungsmethoden, das heißt, es darf nicht ausschließlich zur Gewinnung von Informationen über ein aufzuklärendes Ziel eingesetzt werden. Bei einer kombinierten Anwendung kann es dagegen der Komplettierung einer schon mit den konventionellen Mitteln der Geheimdiensttätigkeit gewonnenen Datenbasis dienen.

Für den bisher nicht mit »Operation Tamacuari« vertrauten Leser möchte ich an dieser Stelle eine kurze Wiederholung einschalten. Es geht um die Fragen: Was ist Remote Viewing? Wie funktioniert es? Was ist die Nutzanwendung auf das Thema Dritte Macht?

Remote Viewing ist die Fähigkeit, mithilfe mentaler Prozesse detaillierte Informationen über Orte, Objekte, Personen und Ereignisse zu gewinnen, die mit den gebräuchlichen fünf Sinnen nicht erfasst werden können, unabhängig von deren Entfernung, ihrer zeitlichen Einordnung bzw. einer eventuell versuchten Abschirmung. (36) Man könnte dieses Phänomen auch einfach als Fernwahrnehmung bezeichnen. Wenn die Wirksamkeit dieser Methode auch nach vielen Jahren Forschung, u.a. am Stanford Research Institut, als wissenschaftlich erwiesen gelten kann, so ist das ihr zugrunde liegende Funktionsprinzip doch bis heute unbekannt geblieben. (37) Der mir persönlich plausibelste Erklärungsansatz nimmt Bezug auf eine mögliche holografische Struktur des Universums, wie sie von dem Physiker David Bohm herausgearbeitet wurde bzw. auf die von dem Gehirnforscher Karl H. Pribham aufgestellte Theorie, nach der auch das menschliche Gehirn nach dem Prinzip der Holografie funktioniert. (38)

Zum Nutzen hatte ich in »Operation Tamacuari« geschrieben: »Remote Viewing könnte uns ganz entscheidend dabei behilflich sein, das Hauptquartier der Dritten Macht am Pico Tamacuari noch vor Beginn unserer Expedition aufzuklären, zumindest so weit, dass wir in diesem ausgedehnten Gebiet nicht an der falschen Stelle unsere wertvolle Kraft und Zeit vergeuden. … Darüber hinaus sollte es möglich sein, auf diese Weise Erkenntnisse auch zu anderen uns interessierenden Örtlichkeiten auf dem Globus zu gewinnen, wie über die immer noch nicht freigelegten unterirdischen Anlagen der Colonia Dignidad, die in diesem Buch beschriebenen Unterseestützpunkte der Dritten Macht sowie auch über die in den letzten Wochen des 2. Weltkrieges in Thüringen und anderswo versiegelten ›Tresore‹, über die uns u.a. die ›Quelle X‹ aufgeklärt hat. Und wie wir sehen werden, sind damit die Möglichkeiten des Remote Viewing noch längst nicht ausgeschöpft. Auch der Mars kann zum Ziel dieser Aufklärungsmethode erkoren werden.« (3)

Nachdem seit Erscheinen meines letzten Buches mehr als ein Jahr vergangen ist, werden die Leser wissen wollen, ob die Ankündigungen von damals umgesetzt worden sind. Konnten mit dieser Methode tatsächlich neue Erkenntnisse zur Dritten Macht gewonnen werden? Und: Wurde die angesprochene »externe Hilfe«, d.h. die von geübten Sehern, in Anspruch genommen, um mehr über das Hauptquartier am Tamacuari herauszufinden? Vorab, beide Fragen kann ich positiv beantworten. Aber schön der Reihe nach.

Da aus den in »Operation Tamacuari« genannten und weiter unten noch zu ergänzenden Gründen ein Einsatz von mir bzw. von anderen an den gemeinsamen Forschungsprojekten beteiligten Personen als Remote Viewer vorerst nicht in Frage kam, hatte ich im Herbst des Jahres 2011 die in Deutschland ansässige *Remote Viewing Akademie* über Mittelsmänner damit beauftragt, zusätzliche Details zum Hauptquartier der Dritten Macht zu observieren. Um dabei die Kriterien einer wissenschaftlich sauberen Herangehensweise nicht zu verletzen, konnte ich nicht direkt in Kontakt treten, wäre über eine einfache Internetrecherche mein Anliegen doch zu schnell deutlich geworden. Auch wollte ich selbst eine nur oberflächliche Beschreibung des aufzuklärenden Gebietes vermeiden und den Weg beschreiten, den die amerikanischen PSI-Spione gegangen sind: Nennung lediglich fiktiver Koordinaten und darüber hinaus keine Herausgabe zusätzlicher Daten, um bei den Sehern nicht eine Überlagerung der aus der »Matrix« gewonnenen Eindrücke durch die Projektionen der eigenen Phantasie herauszufordern.

Wie sich zeigte, war eine solche rigide Herangehensweise nicht durchführbar. So formulierte ich folgenden Auftrag mit einem Minimum an Basisinformationen:

»Existieren im Grenzgebiet zwischen Brasilien und Venezuela, im Gebirgszug Serra do Tapirapeco, zwischen dem Rio Marari und dem Rio Castanho, ober- oder unterirdische Aktivitäten (Beschreibung von Aussehen und Tätigkeit der Menschen, sofern vorhanden)?«

Dem mir später zugestellten Projektbericht konnte ich entnehmen – ich verwende nachfolgend das in der Remote-Viewing-Szene übliche Vokabular – dass zwei Viewer im zeitlichen Abstand von zwei Wochen auf das Ziel angesetzt worden waren. (39) Der den eigentlichen Sitzungsberichten vorangestellte Text begann wie folgt:

»Targets dieser Art sind auf unterschiedliche Weise nicht unproblematisch. Erstens ist das zu erkundende Gebiet von beachtlicher Größe. Europäer könnten flächenmäßig hier gut eine Großstadt einbauen.« Mehr als nur eine Großstadt, möchte ich hinzufügen. Von daher ist durchaus die Schwierigkeit gegeben, möglicherweise auch die falsche Stelle zu viewen. Weiter im Projektbericht: »Zweitens: Im Sinne des Targets waren offensichtlich ›besondere‹ Aktivitäten, was schon den Targeter dazu bringen kann, eigene Vorstellungen in die Formulierung hineinzulegen. Drittens führt die Suche ›nach etwas Besonderem‹ gern mal zu analytischen Überlagerungen, weil der Viewer im Verlegenheitsfall ›etwas Ordentliches abliefern‹ möchte. … Aus diesen Gründen habe ich das Target an ein Team weitergegeben, dessen Mitglieder kaum irgendwelchen Verschwörungstheorien etc. anhängen, sondern sehr wissenschaftlichen Arbeitsweisen zugetan sind.«

Gut, kommt mir entgegen, dachte ich. Die Phantasie soll außen vor bleiben. Auf die Realität kommt es an. Der weitere Text machte mich dann aber hellhörig, wollte es mir doch so scheinen, als könnte die vorgebliche Objektivität – anders vielleicht zu deuten als innere Ablehnung exotischerer Interpretationen – sich zum Hinderungsgrund gerade für die beschworene objektive Sichtweise entwickeln. Wie anders als ganz in diesem Sinne ist einer der abschließenden Sätze zu verstehen:»Ich denke, dass beide Viewer sehr gut on target waren, weil sie keiner der möglichen und vorab herumschwirrenden Prämissen folgten, was besonders von hierin interessierten Viewern gern wahrgenommen wird. Es ist sehr schwer, solche Viewer zu finden, weil die meisten Leute, die sich für RV interessieren, irgendwie von der UFO-Szene infiziert sind oder ihr angehören.«

Im Umkehrschluss wären die beiden Seher in den Augen des Projektleiters also schlecht gewesen, hätten sie unbekannte Flugobjekte oder ähnliches bemerkt? Aufpassen, habe ich mir gesagt, wir werden die Ergebnisse der Sitzungen unter einem gewissen Vorbehalt betrachten müssen.

Für diejenigen unter den Lesern, die sich schon mit Remote Viewing beschäftigt haben, sei noch gesagt, dass bei dem von uns genannten Ziel die Methode des Coordinate Remote Viewing zum Einsatz gekommen ist.

Zum ersten Viewer: Dieser hatte sich im Zielgebiet an einem einzelnen, für ihn ungewöhnlichen Objekt festgebissen. Er beschrieb es als hüfthohen, zusammengelegten, aufklappbaren Gegenstand mit ebenmäßiger Oberfläche und einem Gewicht von ca. 60 Kilogramm, der in eine Hülle eingewickelt war. Folgende Emotionen wurden zum Ausdruck gebracht:»Irgendwie versuchst du Abstand zu wahren, willst es nicht anfassen, willst es nicht in dein Leben reinlassen.«

Bezüglich der Art und Funktion des Objektes sind wir damit nur unwesentlich schlauer. Fest steht hingegen, dass dieser scheinbar künstliche Gegenstand normalerweise nichts in einem der am meisten abgelegenen Dschungelgebiete Südamerikas zu suchen hat.

Der zweite Viewer: Dieser verstand es im Gegensatz zum ersten deutlich besser, den Überblick zu wahren, d.h. er behielt das große Ganze der Landschaft im Auge und war aufgrund der von ihm wiedergegebenen »Sinneseindrücke« auch tatsächlich im Dschungel angekommen. Nachdem sich der Viewer schon ein ganzes Stück durch das RV-Protokoll gearbeitet hatte, tauchte vor seinem inneren Auge eine Struktur auf, die er als »hoch, weit, voller Dinge, uneinsehbar, aber nicht abgeschlossen« beschrieb. Unmittelbar auf diese Formulierung skizzierte er zwei nach oben aufeinander zulaufende Linien, so als wollte er einen Berg malen, wobei die Linien sich nicht schlossen und somit eine Öffnung vorhanden blieb. Die Außenwände wurden als »glatt«, die eingezeichnete Öffnung seltsamerweise als »teilweise offen« bezeichnet. Aus Gründen der inneren Logik hätte man hier vielleicht eher die Formulierung »zeitweise offen« erwartet. Unterhalb dieser als hoch und weitläufig bezeichneten Struktur zeichnete der Viewer die »Dinge«, die sich »uneinsehbar« darin verbargen: Mehrere kreisförmige Gebilde, die – so die hinzugefügten Anmerkungen – sich abwechselnd »hoch« und »tief« (soll eigentlich »runter« heißen, wie wir noch sehen werden) bewegten. Diese »Objekte« wurden als »teils lebendig, teils als irgendwelche Dinge« angesehen, die »zusammen gehörten«. An anderer Stelle wird, um diesen Eindruck zu unterstreichen, von einer »teilweise übergeordneten Lebensform, eventuell Menschen« berichtet, »die auch mit der Erschaffung der Objekte betraut ist«.

Dann der Passus »Aktivitäten im Sinne der Targetfrage«: »Gewusel, hoch und runter, Stück für Stück, als ob viele Teile aus verschiedenen Richtungen kommen … Teile sind braun, an sich sind sie hart, haben aber weiche Oberfläche.« An anderer Stelle werden sie auch als »hell« beschrieben und es kommt die Aussage, dass sie von »unterschiedlicher Größe« sind. »Sinn, wenn es zusammengefügt ist: Schutz, im Sinne von sich sicher fühlen.«

Wenn bekannt ist, was sich nach meinem Dafürhalten in der Serra do Tapirapeco zwischen den beiden Flüssen Rio Marari und Rio Castanho verbirgt, und wenn man sich klar darüber wird, dass die Schilderung des zweiten Viewers auf keinen wie auch immer gearteten natürlichen Prozess in dieser Region passt, dann bleibt nur eine Schlussfolgerung übrig: Wir haben mit diesem Bericht eine Beschreibung genau dessen geliefert bekommen, was wir erwartet haben. Selbst wenn der Viewer am Ende der Sitzung notiert »keine fremdartigen Geräte oder Lebewesen auszumachen«, so ist diese Sichtweise wohl eher seiner gegenüber Verschwörungstheorien, UFOs etc. ablehnenden Grundeinstellung zuzurechnen. Wie, bitteschön, sollen seine Schilderungen sonst interpretiert werden? Die Realität lässt sich eben manchmal partout nicht verbiegen.

Hier nun in wenigen Worten meine Interpretation der durch den Viewer wahrgenommenen Eindrücke: Beschrieben wird ein weitläufiger und hoher Berg mit glatter Oberfläche (die sich spektakulär 800 Meter über die von dichtem Dschungel bewachsenen Bergflanken erhebende Gipfelpyramide des Tamacuari ist tatsächlich glatt, siehe letztes Kapitel) mit einem Zugang, der nur manchmal geöffnet ist. Im Berg sind von außen nicht auszumachende Flugscheiben stationiert, die von Menschen, also nicht von Außerirdischen, geschaffen worden sind. Das »Gewusel« im Sinne von verstärkter Aktivität, das beschriebene »hoch und runter« bedeutet nichts anderes, als dass die beobachteten Flugobjekte anscheinend ziemlich häufig den Berg durch die Öffnung verlassen, in die verschiedensten Richtungen fliegen und nach einiger Zeit wieder zurückkehren. Es handelt sich um verschiedene Typen, die von bräunlicher bzw. heller Farbe und aus einem harten Material gearbeitet sind. Der Hinweis auf die weiche Oberfläche könnte sich auf das sie umgebende Energiefeld beziehen. Dieser Schluss lässt sich ziehen, weil in der Vergangenheit auch von anderen Viewern physikalische Felder auf ähnliche Weise beschrieben worden sind. (40) Man merkt die Unsicherheit des Viewers zu diesem Punkt an der Formulierung »an sich hart, aber ...«. Ohne Zweifel besteht hier ein gewisser Interpretationsspielraum. Das Ende des Berichtes lässt wiederum an Klarheit nichts zu wünschen übrig: Die ganze Anlage dient dem Schutz der beschriebenen Technologie und der Sicherheit des mit ihrem Betrieb betrauten Personals.

Fazit: Remote Viewing hat auch in unserem Fall seine Wirksamkeit bewiesen. Es diente der Vervollständigung der schon zuvor gewonnenen Datenbasis zum Tamacuari-Gebiet.

Wenige Wochen nachdem ich von der Remote Viewing Akademie den oben auszugsweise zitierten Projektbericht erhalten hatte, konnte ich mich davon überzeugen, dass auch andere Remote Viewer auf der richtigen Spur gewesen sind, wenn sich deren Intention sicher auch von der meinen unterscheidet.

Hervorragende Bestätigungen einiger von mir in der Vergangenheit aufgestellter Theorien erbrachten die Sitzungen von Courtney Brown. Erkenntnisse wider Willen, wenn ich so sagen darf. Die Absichten nicht nur dieses Professors für Sozialwissenschaft, sondern auch die seines Ausbilders Ed Dames, einem der früheren amerikanischen PSI-Spione, zielten nicht etwa darauf, Informationen zur Dritten Macht zu gewinnen, sondern hatten potenzielle Außerirdische im Visier. Wird versucht, etwas nicht Existierendes zu viewen, können sich nach allen gemachten Erfahrungen nur inkonsistente Ergebnisse einstellen. (40) Auch lässt sich an den Methoden von Brown und Dames manches bemängeln. Unter wissenschaftlichen Gesichtspunkten ist es generell abzulehnen, Remote Viewing mit einem so genannten »Frontloading« durchzuführen, was bedeutet, dass entweder dem assistierenden Monitor, dem Viewer selbst oder beiden das konkrete Ziel der Aufklärungsmission zu Beginn der Sitzung bekannt gegeben worden ist. Schon wenn nur der Monitor Bescheid weiß, lassen sich telepathische Überlagerungen und eine zielorientierte Führung des Sehers durch den Monitor nicht mehr ausschließen. Alles das lässt sich in den RV-Protokollen von Brown und Dames leicht nachweisen. Umso stärker fallen jene Ergebnisse ihrer Sitzungen ins Gewicht, die das ganze Gegenteil von dem erbrachten, was sich die beiden Herren wohl ursprünglich erhofft hatten. (41)

In diesem Kapitel will ich mich darauf beschränken, ihre Aufklärungsergebnisse zu den irdischen Stützpunkten der UFO-Besatzungen wiederzugeben. Im nächsten Abschnitt wird dann noch mehr als in diesem deutlich werden, dass tatsächlich keine fremden Intelligenzen aus dem All die unbekannten Fluggeräte steuern. Erkenntnisse wider Willen, ich sagte es bereits.

Im Folgenden nehme ich Bezug auf eine RV-Sitzung vom 31. Juli 1994. Ed Dames, der selbst das Ziel »Marswesen/derzeitige Kultur« ausgewählt hatte, fungierte als Monitor. Der Hintergrund für die Zielauswahl besteht in der Annahme von Dames, dass die künstlich wirkenden Oberflächenstrukturen des Mars, wie zum Beispiel das »Marsgesicht«, die »Pyramiden« etc., von einer alten Marskultur geschaffen worden sind, die jetzt jedoch im Aussterben begriffen ist. In diesem Fall sollte dieser Planet über Jahrtausende, ähnlich der Erde, komplett von dieser Zivilisation umgestaltet worden sein, was jedoch nachweislich nicht geschehen ist. Von daher müssen die »Marswesen« und die seltsamen Oberflächenbauten anderen Ursprungs sein. Meine Stammleser werden wissen, worauf ich hinaus will.

Im Verlauf des Remote Viewing beschreibt Courtney Brown den Landeplatz eines unbekannten Flugobjektes, das er als Raumschiff bezeichnet: »Hier gibt es eine üppige Vegetation, beinahe einen Dschungel. In der Nähe sehe ich Berge, vielleicht einen erloschenen Vulkan. Außerdem gibt es hier zahlreiche Lichtungen. Es erinnert ein wenig an ein Gebiet in der Nähe eines Regenwaldes, wenn auch keines ganz unberührten. Die Behausungen sind niedrig und geduckt, einfach. Sie befinden sich in einer bewaldeten Region, isoliert von den Menschen. Ich empfange die starke AOL (analytische Überlagerung, der Autor) von der Signallinie, dass es sich hier um ein Flüchtlingslager für Marswesen handelt. Dieser Ort scheint irgendwo im Süden zu liegen, vielleicht in Lateinamerika. … Der Gesichtsausdruck (der Menschen, die jene primitiven Behausungen bewohnen, der Autor) erinnert an südamerikanische Indianer. … Nun war mein Monitor beinahe bereit, die Sitzung zu beenden. Er ließ mich auf das Arbeitsblatt der Stufe 6 gehen, wo ich die Fahne des Landes, in dem sich das Dorf befand, zeichnete.« (41)

Zur Auswertung dieses Ausfluges in die »Matrix« schrieb Courtney Brown: »Der Leser sollte wissen, dass ich hier nicht die Behauptung aufstellen möchte, dass ein ganzes Volk in Lateinamerika in Wirklichkeit ein Marsvolk sei. Vielmehr befindet sich dort eine kleine Gruppe von Marswesen (vielleicht einige hundert – die genaue Anzahl kenne ich nicht), die sich geschickt verbergen und in die zum größten Teil aus Menschen bestehende Bevölkerung integriert sind. Nach dieser Sitzung bestand meine erste Reaktion in dem Wunsch, in einem Reisebüro sofort Tickets zu erstehen und diesen Ort aufzusuchen. Aber ich wurde darauf hingewiesen, dass es an diesem Ort gegenwärtig politische Unruhen gibt.« (41)

Soviel ich weiß, hat Prof. Brown diesen Ort auch später niemals besucht, was genau genommen auch gar nicht möglich ist. Zumindest ist es eben nicht so einfach. Siehe hierzu »Operation Tamacuari« bzw. das letzte Kapitel dieses Buches.

Ein guter Bekannter von mir hat versucht, Prof. Courtney Brown zu kontaktieren, um eine Bestätigung dafür zu erhalten, dass es sich bei dem von ihm bezeichneten Ort um das Gebiet am Pico Tamacuari handelt. Ohne Erfolg. Eine Antwort steht bis heute aus.

Kommen wir zur Analyse dieser RV-Sitzung:

Die erste Assoziation ist die eines Raumschiffes, was nicht weiter verwunderlich ist, wenn die »Marswesen« den interplanetaren Raum zu durchqueren in der Lage sind. Nicht zwingend logisch erscheint, dass gleich als nächstes die »Marskultur« in Verbindung zu einem Landeplatz auf unserem Planeten gebracht wird. Von fremdartigen Lebewesen, den Trägern der »Marskultur«, wird überhaupt nichts berichtet. Die »kleine Gruppe«, um die es sich nur handelt, »vielleicht einige Hundert« solle sich nach den Aussagen Prof. Browns gut in die Bevölkerung vor Ort »integriert« haben. So gut, dass sie von dieser rein äußerlich wohl nicht zu unterscheiden ist, könnte ironisch gemeint hinzugefügt werden.

Der Landeplatz des unbekannten Flugobjektes befindet sich in einer bergigen Gegend im Dschungel Südamerikas, isoliert von unserer Zivilisation. In der näheren Umgebung scheint ein Indiodorf zu liegen. Die beschriebene Region, besser das entsprechende Staatsgebiet, sollte zur damaligen Zeit wegen herrschender politischer Unruhen von Nordamerikanern möglichst gemieden werden. Sowohl in Brasilien, wie auch besonders in Venezuela, war die erste Hälfte der 90er Jahre des letzten Jahrhunderts von heftigen politischen Auseinandersetzungen geprägt (siehe die entsprechenden Wikipedia-Einträge). Diese örtlichen Gegebenheiten wie auch die Tatsache, dass nach erfolgter Landung das »Raumschiff« nicht mehr sichtbar ist – zumindest berichtet Prof. Brown nichts mehr darüber – lassen den Schluss zu, dass auch in diesem Fall das Tamacuari-Gebiet korrekt beschrieben worden ist. Das UFO ist im Berg verschwunden. Auffällig sind für den Seher nur noch die im Umkreis befindlichen Siedlungen der Yanomami-Indianer. Die einige Hundert zählende Besatzung des Hauptquartiers der Dritten Macht hat es tatsächlich gut verstanden, sich »geschickt zu verbergen«. Und dass ein Zubringerraumschiff vom Mars im Stützpunkt niedergegangen ist, kann nur bei denen Aufsehen erregen, die bisher nicht von der seit den 50er Jahren des letzten Jahrhunderts in bescheidenem Umfang erfolgten Kolonisierung des Planeten Mars durch die Dritte Macht Kenntnis erlangt haben. (1,2,3) Mehr dazu und auch darüber, wie Prof. Brown der Wahrheit noch ein Stück näher gekommen ist, kann im nächsten Kapitel nachgelesen werden.

In einer früheren RV-Sitzung im Jahr 1993 hatte Courtney Brown schon einen anderen Stützpunkt der »Marswesen« auf der Erde beschrieben:

»Auf einem weißen Blatt Papier zeichne ich einen abgerundeten Berg. Die Spitze des Berges ist kahl, aber weiter unten gibt es Bäume. ... Da sind Menschen. Weiße Menschen. ... Ich sehe eine Art von Luftfahrzeug ... Etwas kommt herunter, auf den Berg zu. ... Ich erkenne ein außerirdisches Schiff ... Ich sehe jetzt eine Menge Berge. Viele sind abgerundet. ... Ich habe ein paar Plateaus in Richtung Osten und eine Menge Berge um mich herum, besonders in Richtung Norden und Süden. ... Ich sehe dieses Ding mitten in den Berg gehen!« (41)

Um das Tamacuari-Gebiet kann es sich nicht handeln. Weder erfolgt ein Hinweis auf den doch sehr auffälligen Dschungel, noch gibt es im Norden und Süden des nur 20 Kilometer breiten Gebirgszuges Serra do Tapirapeco weitere Berge. Im Gegenteil, »eine Menge Berge« wären nur östlich und westlich des Pico Tamacuari zu beobachten. Wo befindet sich der beschriebene Stützpunkt?

»Später am selben Tag sprachen mein Trainer und ich ausführlich über die Sache mit den Marswesen. Er erklärte mir, dass er aufgrund der Beschreibungen, die ich und andere Remote Viewer geliefert hätten, eine Idee hinsichtlich der Lage des Berges habe. Er meinte, ich solle mir einmal Bilder von einigen Bergen in der Nähe von Santa Fe, New Mexico, ansehen. Als ich das tat, hatte ich das Gefühl des Wiedererkennens. Spätere Remote-Viewing-Sitzungen mit einer Reihe anderer Remote Viewer sprachen im Großen und Ganzen auch für diesen Ort. Die Remote-Viewing-Daten lassen darauf schließen, dass es sich bei dem Berg um den Santa Fe Baldy handelt.« (41)

»Habe eine Idee«, »hatte ich das Gefühl«, »im Großen und Ganzen« – na, besonders sicher scheinen sich die beteiligten Viewer über die korrekte Lokalisierung des wahrgenommenen Berges nicht gewesen zu sein. Eine Basis so mitten in den Vereinigten Staaten, nur 24 Kilometer von der Hauptstadt des Bundesstaates New Mexico, Santa Fe, entfernt zu errichten, darauf müssen »Marswesen« erst einmal kommen. Betrachtet man sich ein Foto des Santa Fe Baldy, fällt auf, dass das Bergmassiv aus drei Erhebungen besteht, die von links nach rechts ansteigen. (Abb. 5)

Unwillkürlich musste ich bei diesem Anblick an die »Tres Picos« denken, die das Wahrzeichen der Colonia Dignidad darstellen. In meinem ersten Buch hatte ich umfangreiches Beweismaterial vorgelegt, auf dessen Grundlage ich ursprünglich sogar der Meinung war, dort das

Hauptquartier der Dritten Macht lokalisieren zu können. (1) Erst später wurde mir klar, dass es sich bei der Colonia Dignidad neben dem Hauptquartier am Pico Tamacuari um einen weiteren bedeutenden Stützpunkt gehandelt hat, der allerdings in den Jahren 1997/1998 von der Dritten Macht geräumt worden ist. Was spricht noch dafür, dass ich mit meiner Deutung des von Prof. Brown »gesichteten« Berges richtig liege? Wie Courtney Brown, so beschrieben auch die Bauern in der Umgebung der Colonia Dignidad, dass »Flugzeuge« in Berge innerhalb des Siedlungsgeländes hinein- und auch wieder herausgeflogen sind. (1,42)

Nachdem ich noch eine Weile über diesen Sachverhalt nachgedacht hatte, stellte sich bei mir eine gewisse Enttäuschung ein. Nein, die »Tres Picos« genannte Berggruppe kam nicht für eine Verwechslung mit dem Santa Fe Baldy in Frage. So gut sie auch von der Colonia Dignidad aus sichtbar ist, befindet sie sich doch in den Hochanden und damit viel zu weit von diesem ehemaligen Stützpunkt der Dritten Macht entfernt. Außer den drei Gipfeln, die im Unterschied zum Bergmassiv in New Mexico jedoch nicht abgerundet, sondern richtige Bergsspitzen sind, haben die »Tres Picos« nichts mit dem von Prof. Brown wahrgenommenen Berg gemeinsam.

Jedoch, bei einem Blick auf das topografische Profil der näheren Umgebung der Colonia Dignidad fiel mir auf, dass sich nicht einmal acht Kilometer von dieser entfernt in süd-östlicher Richtung ein Bergmassiv erhebt, das ähnlich dem Santa Fe Baldy drei Gipfel aufweist, die durch einen Grat miteinander verbunden sind. (Abb. 6, der grüne Pfeil markiert die Lage der Colonia Dignidad) Hier ist die Ähnlichkeit wirklich verblüffend.

Darüber hinaus passen auch die anderen Angaben Prof. Browns zur weiteren Umgebung des als Stützpunkt für die Flugobjekte dienenden Berges auf jenen Ort ca. 500 Kilometer südlich der chilenischen Hauptstadt Santiago. Nach Norden und Süden erstrecken sich tatsächlich viele Berge, es sind die westlichen Ausläufer der Anden. Das Gelände der Colonia Dignidad umfasst etwa 15.000 Hektar und reicht bis unmittelbar an die Berge heran.

In einer 1994 stattgefundenen RV-Sitzung lieferte Prof. Brown weitere Einzelheiten zu dieser Basis der »Marswesen« und beschrieb »ein Gebiet, in dem sich eine ganze Reihe von Bauwerken zu befinden scheint«. Und weiter: »Ich sondiere dann das Terrain rund um das Gebäude, um einen Eindruck von der Umgebung zu bekommen. In der Nähe des runden Gebäudes befinden sich noch weitere Gebäude. Ich finde einen Wald und einen Berg einige Meilen weit östlich von dieser Gebäudeanlage. Westlich liegt ein bewohntes Zentrum. Der Berg scheint eng mit dem runden Gebäude verbunden zu sein. ... Ich bin nun im Berg. Hier gibt es Höhlen. Und in den Höhlen befinden sich Wesen. ... Nun befinden sich Fahrzeuge mit Rädern in den Höhlen. Der Ort ist modern, aber nicht allzu sehr. Hier gibt es derzeit keine extraterrestrischen Raumschiffe. Da ist ein Tunnel. Er erstreckt sich in Richtung Westen und steht in Verbindung mit der Oberfläche, aber der Zugang ist von außen versteckt. Der Tunnel wird derzeit als Belüftungsanlage genutzt, aber er ist sehr groß. Es können auch Fahrzeuge durchfahren. Hier drinnen sind viele Arbeiter. Diese Leute sehen ganz ähnlich aus wie Menschen. Ja, das sind Menschen. Sie tragen einteilige, weiße Uniformen.« (41)

Die beschriebene Gebäudegruppe ist die eigentliche Colonia Dignidad, heute Villa Baviera genannt. Wenige Kilometer östlich davon befindet sich das markante Bergmassiv, welches dem Santa Fe Baldy so ähnlich sieht. Westlich liegt Prof. Browns bewohntes Zentrum, die Stadt Parral mit 38.000 Einwohnern. Tief unter der Colonia Dignidad wurde ein weitverzweigtes Tunnel- und Bunkersystem angelegt. (1,42,43) Zu den unterirdischen Anlagen gehört ein unterirdischer Flugplatz. Hydraulische Aufzüge haben hier früher »Flugzeuge« in Startposition gebracht. (1,44) Eben jene Flugobjekte, die die Bauern der umliegenden Gegend den Berg haben verlassen sehen. Wer bediente diese Anlagen? Prof. Brown ließ uns nicht im Unklaren: Ja, tatsächlich, Menschen. Keine Marswesen.

Bei dem zweiten untersuchten Stützpunkt handelt es sich nach meiner Überzeugung um die Colonia Dignidad, mit Remote Viewing ausgespäht zu einem Zeitpunkt (1993/1994), als er noch in Betrieb gewesen ist. Vier Jahre später sollte die Verlagerung erfolgen. Über die leer geräumten unterirdischen Anlagen, sofern sie in den Folgejahren überhaupt betreten werden konnten, wurde bis zum heutigen Tag absolutes Stillschweigen bewahrt.

Angesichts der beeindruckenden Erfolge des Remote Viewing gerade auch hinsichtlich der von uns favorisierten Aufklärungsziele wurde in unserem Projekt-Team öfters die Frage diskutiert, ob sich nicht einige von uns selbst als Remote Viewer ausbilden lassen sollten. Ein Vorteil wäre, dass auf diese Weise Ziele observiert werden konnten, ohne die Aufmerksamkeit fremder Personen zu erregen. Nach sorgfältigem Abwägen des Für und Wider entschieden wir uns, vorläufig – und ich sage mit Absicht vorläufig – unsere vorhandenen materiellen Ressourcen und die zur Verfügung stehende Arbeitskraft zur kurzfristigen Erreichung anderer Ziele einzusetzen.

Ich möchte daran erinnern, was ich in »Operation Tamacuari« geschrieben hatte: »Von den Verfechtern des Remote Viewing wurde tatsächlich wiederholt kommuniziert, dass ein gut veranlagter Seher, der zudem einen intensiven Ausbildungsprozess absolviert hat, nur bei 50 bis 60% der Versuche einen Kontakt mit dem vorgegebenen Ziel herzustellen und dann 30 bis 80% der gewonnenen Eindrücke korrekt wiederzugeben in der Lage ist. Hinzu kommt, dass jeder Seher seine speziellen Fähigkeiten hat; der eine kann sich besser auf technische Anlagen konzentrieren, ein anderer vermag sich besonders gut bei menschlichen Zielen einzuhaken, ein dritter versteht es, mental Schritt für Schritt eine Ortsbegehung vorzunehmen. Die Lösung des Problems, wie sie von den PSI-Spionen in den USA praktiziert worden ist: Mehrfache Sitzungen eines Sehers zu einem Zielobjekt bzw. eine ausgeprägte Teamarbeit.« (3)

Was heißt »gut veranlagter Seher«? Nach den jahrzehntelangen Erfahrungen des wohl erfolgreichsten Viewers in den Diensten der US-Geheimdienste, Joseph McMoneagle, verfügt nur ein halbes Prozent aller Menschen über eine in dieser Beziehung herausragende natürliche Begabung, also eine von zweihundert Personen. Ein bis zwei Jahre intensiver Ausbildung werden zusätzlich vorausgesetzt, um das vorhandene Talent im gewünschten Maße zu entwickeln. (36) Das bedeutet, ein entsprechendes Potenzial aufzubauen, ist ein länger währender Prozess, der von uns zu einem späteren, sinnvoller erscheinenden Zeitpunkt angegangen werden wird.

Einen letzten Aspekt möchte ich noch anführen. Die in diesem Kapitel vorgestellten Ergebnisse verschiedener Remote-Viewing-Sitzungen haben gezeigt, dass es anscheinend unmöglich ist, gegen diese Methode der Aufklärung nachhaltige Abwehrmaßnahmen zu ergreifen.

Auch die auf vielen Gebieten fortgeschrittenere Dritte Macht ist hierzu nicht in der Lage. Trotzdem fehlt es in der vorhandenen Literatur zum Thema nicht an Hinweisen, die das Gegenteil behaupten. (45)

Um den aktuellen Stand der Dinge in dieser Frage abzuklären, holten wir kompetenten Rat ein. Wir fragten bei Stephen A. Schwartz an, der in den Vereinigten Staaten von Beginn an bei der Entwicklung des Remote Viewing involviert gewesen ist. So initiierte er in den 70er Jahren des letzten Jahrhunderts Unterwasserversuche, die die Vermutung der Russen, elektromagnetische Felder mit extrem niedriger Frequenz seien die Träger der durch Remote Viewing gewonnenen Informationen, ein- für allemal widerlegten. (37) Später gelangen ihm mit einer eigens für diesen Zweck entwickelten RV-Methode Aufsehen erregende Erfolge bei archäologischen Projekten. (46)

Seine Antwort: »Ich weiß von Experimenten auf diesem Gebiet. Dem Konzept nach soll es, wenn sich mehrere Personen mental stark auf ein Ziel fokussieren, möglich sein, dieses zu verschleiern, indem eine nichtlokale Informationsarchitektur aufgebaut wird, die auf einen potenziellen Seher anziehender als das eigentliche Target wirkt. Jedoch sind Konzeption und wirksame Ausführung nicht ein und dasselbe und so muss nach meiner Ansicht das Ganze als rein hypothetisch betrachtet werden.« (47)

Klarer geht es nicht. Damit dürfen wir auch in Zukunft, ohne die Gefahr getäuscht zu werden, von der Wirksamkeit des Remote Viewing zur Vervollständigung unserer Datenbasis über die Dritte Macht profitieren.

5.
ZWISCHENSTATION MOND

Die Dritte Macht ist bis zum Mond gekommen? Wieso diente ihr dieser nur als Zwischenstation? Was war dann das eigentliche Ziel? Diese oder ähnliche Fragen mögen so manchen Leser bewegen. Diejenigen unter ihnen, die mit meinen anderen Büchern vertraut sind, werden zumindest die Antwort auf die letzte Frage kennen. Der Mars war das Ziel!

Wiederholt hatte ich in meinen Veröffentlichungen eine Quelle zitiert, die – wenn auch nur in groben Umrissen – ziemlich umfassend über die frühen Aktivitäten der Dritten Macht informiert gewesen zu sein scheint. Narciso Genovese hatte in seinem 1957 erschienenen Buch »Yo he estado on en marte«, das später unter dem Titel »Ich bin auf dem Mars gewesen« auch in deutscher Sprache erschienen ist, sowie in einem Interview mit dem mexikanischen Journalisten Mario Avendaro Rojas nicht nur erste Hinweise auf das Hauptquartier der Dritten Macht in der Urwaldwildnis Lateinamerikas gegeben, sondern vor allem deren ersten interplanetaren Missionen seine Aufmerksamkeit gewidmet. (1,2,48,49)

Andererseits enthält sein Buch aber auch Behauptungen, die entweder absichtlich irreführend sein oder aber das gerüchteweise Gehörte phantasievoll verdichten sollen. Dazu gehört, zur Verschleierung der wahren Hintergründe, nach bekanntem Muster auch die immerwährende Erwähnung von Außerirdischen. Diese Zusätze möchte ich absichtlich ausblenden, genauso wie ich andere wichtige Informationen Narciso Genoveses, die ich bereits in der Vergangenheit zur Diskussion gestellt habe, an dieser Stelle nicht wiederholen will.

Der Mond diente als Zwischenstation auf der Reise zum Mars. Dort sollte eine ständige Mars-Basis aufgebaut werden. Die erste Reise zu diesem Planeten fand im Jahr 1956 statt, sechs Jahre bevor die Russen ihre erste Marssonde auf den Weg brachten. (48) Im Unterschied zu den bis heute stattgefundenen Mars-Missionen der Russen, Amerikaner, Japaner und der Europäischen Weltraumagentur war der Dritten Macht schon mit ihrer ersten Reise zum Nachbarplaneten etwas gelungen, das für die anderen Mächte wohl noch eine geraume Zeit Zukunftsmusik bleiben wird: Eine bemannte Reise zum Mars.

Die eingesetzte Antriebstechnologie, basierend auf dem Funktionsprinzip von »Die Glocke«, verkürzte die Flugzeit zum Mond im Unterschied zu den herkömmlichen chemischen Antrieben auf vier Stunden, die zum Mars auf 34 Tage. (3) Seit nunmehr fast 60 Jahren hat die

Dritte Macht ihre Kolonie auf dem Mars Schritt für Schritt ausgebaut, ihre Aktivitäten zunehmend dahin verlagert und unterhält zwischenzeitlich auf dem roten Planeten eine Besatzung, verteilt auf drei Siedlungsplätze, von etwa 100.000 Mann. (3)

Was uns in diesem Abschnitt interessiert, ist weniger der aktuelle Status quo der durch die Dritte Macht erfolgten Marsbesiedlung, sondern vielmehr die Frage, welche Rolle dem Mond dabei zugedacht ist. Dient er wirklich nur als Zwischenstation oder erfüllt er in den Planungen der Dritten Macht eine eigenständige Aufgabe? Ich hatte mich mit diesem Themenkomplex in der Vergangenheit nicht beschäftigt, weil die erhältlichen Informationen zu rar und widersprüchlich waren. Auch konnte ich mir nicht vorstellen, dass eine Mondkolonie hätte nachhaltige Erfolgsaussichten haben können, fehlte doch auf dem Erdtrabanten etwas, das auf dem Mars reichlich vorhanden war – Wasser, die Grundvoraussetzung allen Lebens.

Dann las ich irgendwann die Schlagzeile »1000 Mal mehr Wasser auf dem Mond als gedacht«. (50) Damit wird möglich, was nach den nunmehr überholten Erkenntnissen als nicht realisierbar gegolten hat: »Menschen, die in einer dort errichteten Station lebten, könnten sich mit Trinkwasser versorgen sowie Wasserstoff und Sauerstoff als Treibstoff gewinnen.« (50) Sauerstoff auch als unabdingbare Komponente für eine in den Habitaten zu schaffende künstliche Atmosphäre, könnte hinzugefügt werden.

Von daher lohnt es sich, dem Mond wieder verstärkte Aufmerksamkeit zu schenken und dort nach Spuren der Dritten Macht Ausschau zu halten.

Wenden wir uns erneut den Schilderungen Narciso Genoveses zu, der den Mond als Zwischenstation für die erste im Jahr 1956 stattgefundene bemannte Marsexpedition bezeichnet hat. Beim Eintreffen auf dem Mond wurden die Insassen des Zubringerraumschiffes von den 20 Angehörigen des Mondstützpunktes in Empfang genommen. Diese Zahl zeigt, in welch einem bescheidenen Umfang zu diesem Zeitpunkt die Dritte Macht auf dem Erdtrabanten erst aktiv geworden war. (1) Nach ihrer Ankunft wandten sich die Expeditionsmitglieder nach dem Rand eines Kraters, wo man eine weite Höhlung in einen komfortablen Schutzraum mit Klimaanlage umgewandelt hatte. (48)

Lässt sich aus anderen Quellen eine Bestätigung für die Existenz des Mondstützpunktes und für die von Genovese geschilderten Umstände erhalten?

Ingo Swann, mit dem Anfang der 70er Jahre des letzten Jahrhunderts am Stanford Research Institut die wissenschaftliche Grundlagenforschung zum Remote Viewing begann und der später selbst mehrere PSI-Spione für die US-Geheimdienste nach der Methode des von ihm entwickelten Coordinate Remote Viewing ausbildete, wurde im Jahr 1975 von einem Geheimdienstmitarbeiter auf ein Ziel an der Mondoberfläche angesetzt.

Kaum in der »Matrix« angekommen, beschrieb er einen Platz wie in einem Krater. Die Szenerie war von einem diffusen, grünlichen Licht eingehüllt. Besonders auffällig wirkten zwei hohe Türme, die ihn an Flutlichtmasten in einem Stadion erinnerten. Ihre Höhe verglich er mit der des UN-Gebäudes in New York. Verteilt über das Gelände bemerkte er auf dem Mondboden Abdrücke, die ihn an Traktorenspuren erinnerten. Er »sah« verschiedenartige Maschinen und an mehreren Stellen im Krater kleine »Fliegende Untertassen«. Einige davon befanden sich in Höhlen an den Kraterrändern, andere waren in einer Art Flugzeughangar untergebracht. Irgendwer hatte große Löcher in die Kraterwände gesprengt, die ihn spontan an Minen zur Rohstoffgewinnung erinnerten. Dann eine auf den ersten Blick kaum einzuordnende Erfahrung: An einem dieser Löcher arbeiteten Menschen, unverwechselbar Menschen wie wir, halbnackt waren sie und gruben sich in den Berg hinein. Über dem Krater mit all den Anlagen befand sich etwas, für das er den Begriff »Netz« gebrauchte. (51)

Die Beschreibung Ingo Swanns greift die spärlichen Details der Schilderung Narciso Genoveses wieder auf und erweitert sie um erstaunliche Einzelheiten. Obwohl es sich bei Swann sicherlich um einen der profiliertesten Seher handelt, die jemals Remote Viewing betrieben haben, könnte das Ganze letztendlich als Anekdote abgetan werden, wenn, ja wenn nicht in späteren Jahren eine Reihe von Viewern nahezu deckungsgleiche »Erlebnisse« auf dem Mond beschrieben hätte. (52)

Um nicht redundant zu wirken, möchte ich mich auf einen weiteren diesbezüglichen Ausflug in die »Matrix« beschränken. Zur Abwechslung hier die Höhepunkte nicht aus der Sitzung eines amerikanischen sondern eines deutschen Viewers:

»Die Landschaft fliegt unter mir dahin. ... Nur grau, endloses Grau. ... Es ist ein Eingang oder eine Höhle oder so etwas! ... Es ist Fels davor, aber dahinter liegt eine Höhle. ... Das ist ein ganzes Höhlensystem. ... Viele Höhlen, die miteinander verbunden sind. ... Das sind so eine Art ganz primitive Wohnstätten. Lager. Da schlafen sehr viele Leute drinnen. Jetzt ist es aber leer. Absolut leer. ... Das gibt es nicht. Da sind ganz viele Menschen. Die schuften. Die bearbeiten den Fels. Die treiben Höhlen oder so was in den Boden. Das ist Minenarbeit. ... Ein Mensch. Ich würde sagen ganz eindeutig ein Mensch. Aber er ist wie entmenschlicht. ... roboterhaft ...In diesem kreisrunden Ding hier arbeiten ca. 20 Menschen, vielleicht auch etwas mehr. ... Na ja, die Aufseher hatten was Technisches in der Hand. ... Es erinnert an eine Waffe, muss aber keine sein.« (52)

Die Beschreibungen von Ingo Swann, wie auch die einer Reihe anderer Viewer, darunter auch die des deutschen, schildern ohne Zweifel den Abbau von Bodenschätzen auf dem Mond – durch Sklavenarbeit! Sollten sich alle Remote Viewer in diesem Punkt geirrt haben, einem Trugbild aufgesessen sein oder beschreiben sie einfach die Realität, wie sie ist?

Fest steht, der Mond verfügt über reichhaltige Lagerstätten der verschiedensten Rohstoffe. Das haben neben der Dritten Macht auch andere erkannt: »Der Mondboden ist reich an Metallen, wie Eisen, Nickel, Titan und Aluminium und an Silizium für Solarzellen. Das Baumaterial für Mondstationen liegt also bereit! Zudem ließen sich dort seltene Elemente wie Iridium abbauen und auf der Erde teuer verkaufen.« (53)

Vor allem, was hat es mit den Arbeitssklaven auf sich? Als ich über diese Frage nachdachte, erinnerte ich mich daran, in einem Buch über UFO-Entführungen etwas darüber gelesen zu haben, was ich jedoch in der Schublade »unwahrscheinlich« abgelegt hatte. Ich suchte die entsprechende Stelle heraus. David Jacobs, Professor für Geschichte an der Temple University in Philadelphia, neben dem 2011 verstorbenen Budd Hopkins der renommierteste Forscher auf dem Gebiet der UFO-

Entführungen, hatte im Jahr 1987 eine seiner Klientinnen ganz zielgerichtet gefragt: »Sagen sie etwas über die Babys? ... Was will er Deiner Meinung nach?« Die Antwort: »Er braucht Babys. ... Sie brauchen sie zum Arbeiten.« Daraufhin wieder Prof. Jacobs: »Hast Du eine Ahnung, wo sie diese Arbeiten verrichten werden?« Die befragte Frau antwortete kurz und knapp: »Nicht auf dieser Erde.« (54)

Bisher war ich immer der Meinung gewesen, die genetisch veränderten Föten der entführten Frauen wären ausschließlich dafür gedacht gewesen, einen verbesserten Genpool für die Zeit nach der Machtübernahme bereitzustellen und/oder die Marsbesiedlung voranzutreiben. Irgendwo her mussten die 100.000 Kolonisten auf dem Mars ja gekommen sein. (1,3) Für einen Teil des gezeugten Nachwuchses gilt das anscheinend nicht. Es steht zu vermuten, dass die für eine spätere Tätigkeit als Zwangsarbeiter vorgesehenen Kinder ohne die bei der Mehrheit, den so genannten »Hybriden«, veranlassten genetischen Veränderungen ihrem späteren Schicksal entgegen gehen.

Wird berücksichtigt, dass Ingo Swanns RV-Sitzung 1975 stattgefunden hat, der im Rahmen des Entführungsprogramms gestartete genetische Großversuch, wie ich ihn in meinem ersten Buch beschrieben habe, aber frühestens in der zweiten Hälfte der 60er Jahre des letzten Jahrhunderts begonnen wurde und der daraus resultierende Nachwuchs demnach erst Mitte der 80er Jahre einsatzbereit war, wirft das die Frage auf, woher die von Swann beobachteten Arbeitssklaven zu einem derart frühen Zeitpunkt gekommen sind.

Die Lösung des Problems: Allein in Deutschland werden täglich zwischen 150 und 250 Personen als vermisst gemeldet. Von diesen Fällen werden innerhalb eines Jahres im Mittel ca. 97% aufgeklärt. Es verbleiben im Schnitt 2.190 ungeklärte Fälle. Werden noch andere Länder in diese Betrachtung einbezogen, ist das Reservoir groß genug, aus dem geschöpft werden kann. (55)

Was bleibt? Oder besser gefragt: Was fehlt? Eine Aufnahme von einer unserer Mondsonden, die den Mondstützpunkt der Dritten Macht zeigt! Diese Aufnahme existiert. Das Bild wurde geschossen zu einer Zeit, als die Dritte Macht noch nicht über einsatzbereite Unsichtbarkeitstechnologien verfügte. Die sowjetische Sonde *Zond-3* konnte die den Stützpunkt überspannende Mondkuppel, das »Netz« Ingo Swanns, das Habitat, in dessen künstlich geschaffener Atmosphäre die von den Remote Viewern beobachteten Aktivitäten überhaupt erst möglich wurden, am 20. Juli 1965 auf Film bannen. (siehe Abb. 7 rechts unten und die Vergrößerung auf Abb. 8)

Der Mond als Zwischenstation für die Dritte Macht auf dem Weg zum Mars. Der Nachweis für die Richtigkeit dieser Aussage scheint erbracht. Widmen wir uns in der Folge noch etwas dem Roten Planeten, dem vorerst wichtigsten Ziel der interplanetaren Aktivitäten der Dritten Macht.

Dass auf dem Mars nicht alles mit rechten Dingen zugeht, darüber waren die US-Geheimdienste ohne Zweifel früh informiert. Allein schon die unglaubliche Serie von Pleiten, Pech und Pannen, d.h. die ungewöhnlich hohe Zahl in der letzten Flugphase oder während der Landung gescheiterter Marsmissionen, ganz im Unterschied zu den vielen störungsfrei verlaufenen Flügen zu den anderen Planeten unseres Sonnensystems, muss alle Alarmleuchten haben rot aufleuchten lassen. (1) Dazu später mehr.

Neben der Möglichkeit, den Mars mit Sonden aufzusuchen, kann unser Nachbarplanet auch auf anderen Wegen observiert werden. Besonders aufschlussreich ist in diesem Zusammenhang eine Aussage des ehemaligen Kommandierenden des *United States Army Intelligence and Security Command* (INSCOM), General Albert N. Stubblebine, der dieses Amt von 1981 bis 1984 ausübte: »Ich möchte nur erwähnen, dass es künstliche Strukturen unter der Marsoberfläche gibt … die man sich ansehen kann. Man kann Details beobachten, man kann sehen, welche Funktionen sie haben, wo sie sind, wer sie sind und viele Details über sie erfahren … alles durch Remote Viewing.« (40) In »Operation Tamacuari« hatte ich mit Bezug auf dieses Zitat noch geschrieben: »Wer ›sie‹ sind, darüber erfahren wir leider nichts.« (3)

Im vorangegangenen Kapitel wurden von mir die »Arbeitsergebnisse« von Ed Dames, vormals selbst ein PSI-Spion aus der durch General Stubblebine protegierten Einheit, und seines Schülers Prof. Courtney Brown vorgestellt. Die Besatzungen der zwei von ihnen mit Remote Viewing untersuchten irdischen Stützpunkte der »Marswesen« waren demnach rein äußerlich von Menschen nicht zu unterscheiden, oder wie es Prof. Brown ausdrückte:»Diese Leute sehen ganz ähnlich aus wie Menschen. Ja, das sind Menschen. Sie tragen einteilige, weiße Uniformen.« (41) Aber vielleicht handelte es sich dabei auch nur um ein Analytic Overlay (AOL), eine analytische Überlagerung, wie sie beim Remote Viewing gar nicht einmal so selten auftritt, ein Missverständnis sozusagen. Wenn die Wahrscheinlichkeit dafür wegen der für beide Stützpunkte gleichermaßen getroffenen Aussage auch als gering einzuschätzen ist, sollten wir jedoch trotzdem auf der Gegenprobe bestehen. Was hat uns Coutney Brown über das Aussehen jener »Marswesen« mitzuteilen, die nicht zur Erde gekommen, sondern auf ihrem »Heimatplaneten« geblieben sind? Auf diese Weise gelangen wir dann auch an die Informationen, die uns General Stubblebine vorenthalten hat.

»Ich bin ein wenig betroffen davon, wie diese Marswesen aussehen. … Die Marswesen sind humanoid, und sie haben sogar Haare. Diese speziellen Marswesen sind in der Mehrzahl männlich. Sie tragen eine Art Uniform, aber es handelt sich nicht um eine militärische Kampfeinheit. Marswesen kennen derlei gar nicht. Ihre gesamte Verteidigung scheint sich auf Geheimhaltung, nicht auf Kampf zu konzentrieren. Die Haut der Marswesen ist offensichtlich hell.« (41) Langsam dämmert es Prof. Brown. In seiner Betroffenheit, so scheint es, will er immer noch nicht so ganz glauben, was er »sieht« und wiederholt noch einmal: »Aber sie haben Körper, die jenen der Menschen auf der Erde vergleichbar sind.« Dann der Durchbruch:»Mein Gott, diese Marswesen sehen ja tatsächlich wie Menschen aus!« (41) Erkenntnis wider Willen! Die »Marswesen« sind Menschen, oder näher an der Realität: Menschen haben den Mars kolonisiert! Woher diese kommen? Ich glaube, der Leser findet selbst die Antwort.

An anderer Stelle klärt uns Prof. Brown über die Zukunftsabsichten der Marskolonisten auf:»Daten aus einer anderen RV-Sitzung deuten darauf hin, dass eines Tages eine große Flotte von Marsraumschiffen Flüchtlinge vom Mars zur Erde bringen wird. Viele dieser Marswesen sind derzeit in Unterständen unter der Marsoberfläche stationiert und warten mit Sehnsucht auf das Signal zum Aufbruch.« (41) Ich denke, besser lässt sich die Situation nicht beschreiben. Der »Tag X« wird für die in der lebensfeindlichen Umwelt unseres Nachbarplaneten stationierten Angehörigen der Dritten Macht ein »Tag der Befreiung« sein. Bis dahin jedoch wird die Geheimhaltung über alles gestellt.

Nicht im Widerspruch dazu stehen die vielen von der Dritten Macht verhinderten Marsmissionen. (1) Dass hier jemand, der seine Identität bisher erfolgreich geheim zu halten verstanden hat, gegen die Sonden der Amerikaner, Russen, Japaner und die der europäischen Weltraumbehörde ESA offensiv vorgegangen ist, lässt sich nicht leugnen, auch wenn immer wieder versucht wurde, diese Vorgänge herunterzuspielen. Das Schicksal der russischen Marssonde *Phobos II* sowie das der Landeeinheit *Beagle 2* der europäischen Mars-Express-Mission sind nur die offensichtlichsten Beispiele für einen aggressiven Akt.

Am 28. März 1989 ging der Funkkontakt zur Sonde *Phobos II*, kurz bevor sie in eine Kreisbahn um den Marsmond Phobos einschwenken sollte, verloren. Wenige Sekunden vor dem Verlust der Verbindung konnte noch ein sonderbar geformtes Objekt zwischen der Sonde und dem Mars fotografiert werden. Diese Bilder, mit Ausnahme des letzten, gaben die Russen später frei. Auf der Marsoberfläche zu erkennen ist ein Schatten, vergleichbar einer dünnen Ellipse, der einen unwillkürlich an eine fliegende Scheibe denken lässt. In einem 1989 veröffentlichten Bericht stand, die Sonde sei ins Trudeln geraten, entweder infolge einer Computerpanne oder infolge eines Zusammenstoßes mit einem unbekannten Objekt. (1) Später aufgestellte Behauptungen über eine Veröffentlichung auch des letzten Fotos entsprachen nicht der Wahrheit. (3) Die Frage, welcher Art das mysteriöse, für den Absturz der Sonde verantwortliche Objekt gewesen ist, konnte bis heute nicht beantwortet werden. Oder vielleicht doch?

Verhielt es sich so wie bei der NASA-Raumsonde *Mars Observer*? Am 26. Juli 1993 wurden von der an Bord der Sonde befindlichen Kamera die zwei ersten und zugleich einzigen Bilder des Roten Planeten aufgenommen. Als man schließlich am 23. August, drei Tage vor der Ankunft, mit den Vorbereitungen zum Einschwenken in den Mars-Orbit begann, meldete sich die Sonde nicht mehr. Alle Versuche zur Kontaktaufnahme blieben ergebnislos. (56)

Das Duo Ed Dames und Courtney Brown hat versucht, mit Remote Viewing diesen Vorfall aufzuklären.

Dem Viewer wurde das Ziel erst nach der Sitzung bekannt gegeben: »Ich spüre hier eine Menge Bewegung. Irgendetwas läuft sehr schnell, mit viel Energie. Ich sehe zwei Objekte, zusammen, zumindest sehr nahe beieinander. Eines ist klein, hart, fest. Es bewegt sich sehr schnell. Das andere ist größer, komplizierter, unregelmäßig geformt. Das ist seltsam. Unter beiden Objekten scheint es keinen Boden zu geben. ... Das kleinere Objekt ist aus seitlicher Richtung gekommen. Ich verfolge es jetzt zurück zu seinem Ausgangsort. ... Es ist ein Schiff. Das kleine Ding führt mich zurück zu einem außerirdischen Schiff. Es wurde anscheinend wie ein Projektil aus dem Schiff geschossen und traf das andere Objekt, das mit der unregelmäßigen Form. ... Das gesamte Schiff scheint eine große Metallkonstruktion zu sein. ... Es gibt Dinge in diesem Raum, viele Dinge, technische Dinge. Sessel, Tische, ein paar Wesen, Computerterminals, solche Sachen. ... Ich habe den Startpunkt. Es ist ein Loch im Boden, eine Höhle. Das Metallfahrzeug ist in einer Höhle. Wesen gehen hinein und kommen heraus. ... Ich gehe jetzt hinauf. (an die Oberfläche, der Autor) Ich sehe Rottöne, sandige Strukturen, raues Terrain.« (41) Ein weiterer Kommentar erübrigt sich.

Noch einmal zur Klarstellung: Wer sich wundert, wieso der Viewer Ereignisse, die in der Vergangenheit liegen, beschreiben kann, sei noch einmal an die Definition von Remote Viewing erinnert: Informationsgewinnung unabhängig von der zeitlichen Einordnung, vermutlich aufgrund der holografischen Struktur des Universums.

Zurück zu unserer Ausgangsfrage: Ereilte die russische Sonde das gleiche Schicksal wie die amerikanische? Meine Antwort lautet: Ja! Ich kenne keine bessere. Die Umstände, unter denen die Landeeinheit der Mars-Express-Mission, *Beagle 2*, vom Marshimmel geholt worden ist, können diese Meinung nur noch verstärken.

Am 8. März 2004 veröffentlichten die Nachrichtenagenturen Details aus dem Untersuchungsbericht der europäischen Weltraumbehörde ESA. Darin hieß es, *Beagle 2* sei wahrscheinlich bei der Landung zerschellt. Ein nicht identifizierbares Objekt könne möglicherweise für den Verlust verantwortlich sein. Auf einem Foto, entstanden kurz nach der Abkopplung des Landers vom Orbiter *Mars Express*, befindet sich ein weißer Fleck, bei dem es sich um dieses Objekt handeln könnte. (57) Später wurde man noch deutlicher: »Die Untersuchung der letzten vom

Lander gemachten Bilder kurz nach dessen Ablösung vom Mutterschiff hat nachträglich ein unerwartetes kleines, neben der Landekapsel schwebendes Objekt erkennen lassen.« (58)

Man ließ später nichts unversucht, den Absturz der Landeeinheit auf triviale Weise zu erklären. Der Leiter des Untersuchungsprojektes, Colin Pillinger, erklärte im Dezember 2005, er habe das Gerät auf Bildern der Marsoberfläche entdeckt und betrachte das »Geheimnis um *Beagle 2*« für weitgehend geklärt. Es wäre zu einer unerwartet harten Landung gekommen, möglicherweise durch beträchtliche Luftdruckschwankungen.

Mutet allein schon diese – das fremde Objekt total negierende – Erklärung in Anbetracht der dünnen Marsatmosphäre überaus seltsam an, so widerlegten andere Fotos vom vermuteten Absturzort die Berichte über die Entdeckung der Überreste. (58) Die Landeinheit blieb verschwunden, genauso wie zuvor schon der *Mars Polar Lander,* zu dem der Kontakt genauso abrupt abgerissen war. (59)

Eine für Experten kaum nachvollziehbare Erklärung zum Verlust einer Marssonde durch öffentlich eingesetzte Untersuchungsbehörden hatte es nicht zum ersten Mal gegeben. Am 23. September 1999 verschwand der 125 Millionen Dollar teure *Mars Climate Orbiter* während seiner letzten Runde hinter dem Mars. Die Missionsspezialisten waren nicht in der Lage, den Kontakt mit dem Raumschiff herzustellen, als es eigentlich hinter der Marsscheibe wieder auftauchen sollte. (60) Gerade als die Sonde außer Sicht war, hatte sich jemand ihrer bemächtigt, könnte man angesichts der vielen anderen mysteriösen Vorfälle fast annehmen. Als Erklärung für den Verlust wurden abweichende Messsysteme genannt. Es wären für die Navigationsberechnungen sowohl Daten nach dem metrischen wie auch englischen System verwandt worden. »Dass dieser Fehler gleich zu Beginn der Mission auftrat und erst so spät bemerkt wurde, ist einfach lächerlich«, schrieb Richard C. Hoagland, ehemaliger Kurator des Hayden-Planetariums in New York und früherer Berater der NASA. Die Abweichungen müssten sich schon während des Fluges erheblich aufsummiert haben, so dass sie nicht hätten unbemerkt bleiben können. (60)

Das in mehreren Einzelfällen hier näher beleuchtete Scheitern von Marsmissionen sollte eines aufzeigen: Von der schon in meinem ersten Buch geäußerten Vermutung, die Dritte Macht könnte hinter den

Abstürzen stecken, ja, es würde sich in Wirklichkeit um Abschüsse handeln, ist nichts zurückzunehmen. Durch Remote Viewing haben wir eine zusätzliche Bestätigung dafür erhalten. Und dabei wurde der aktuellste Fall noch gar nicht erwähnt: *Phobos-Grunt.*

Diese Sonde hatte nach ihrem Start am 9. November 2011 zum Marsmond Phobos fliegen sollen. Es war geplant, dass sie dort Bodenproben nimmt und zur Erde zurückkehrt. Doch die Marschtriebwerke zündeten nicht, so dass der Erdorbit nicht verlassen werden konnte. Ihr Schicksal erinnerte an das der gleichfalls russischen *Mars-96*, bei der es 1996 in der Endphase des Starts zur Abtrennung der Ladung vom Raketenmotor gekommen war. Damals wurde auch schon von Sabotage gesprochen. (1,61)

Mehr als zwei Monate nach der Havarie teilte der Chef der russischen Weltraumagentur, Wladimir Popowkin, mit, die *Phobos-Grunt* wäre durch die Einwirkung schwerer geladener kosmischer Teilchen außer Gefecht gesetzt worden. Diese hätten bereits bei der zweiten Erdumkreisung den Ausfall des Bordcomputers bewirkt. (62)

Zuvor waren immer wieder Versuche unternommen worden, Kontakt zu der »verstummten« Sonde herzustellen. Was die Russen selbst nicht schafften, das gelang der europäischen Weltraumbehörde ESA. Doch dann der Rückschlag. *Spiegel Online* meldete unter der Überschrift »Mysteriöse Signale von ›Phobos-Grunt‹«: »Die Daten sind unleserlich. Die Angaben sind leider verzerrt und codiert.« (63)

Wagen wir den Versuch einer Bewertung, wobei, ich gebe es zu, meine Annahmen vorläufig nur spekulativer Natur sein können. Unerklärlich bleibt für mich der Zusammenhang zwischen den nicht gezündeten Marschtriebwerken und dem teilweisen Ausfall der Funkverbindung. Aber vielleicht war die Sonde tatsächlich nicht, wie verschiedentlich behauptet wird, für eine Kommunikation in der unerwartet niedrigen Erdumlaufbahn ausgelegt. Wahrlich mysteriös ist jedoch, und hier wurde zur Bezeichnung des Vorgangs vom genannten Online Magazin die richtige Wortwahl getroffen, dass nach mehreren Fehlversuchen dann doch kurzfristig Kontakt hergestellt werden konnte, man jedoch von der Sonde nur codierte Signale erhielt. Ketzerisch gefragt: Wer hätte diese Codierung vornehmen sollen? Und mit leichter, nicht wirklich ernst gemeinter Ironie im Unterton: Hätte eine ENIGMA-Maschine den Funkverkehr etwa entschlüsseln können?

Was hat es zudem mit den schweren geladenen kosmischen Teilchen auf sich, die für den Absturz verantwortlich gemacht worden sind? Vielleicht ist eine Art »Teilchenkanone« zum Einsatz gekommen? Wie auch immer, der Vorfall fügt sich nahtlos ein in eine Reihe anderer Vorkommnisse, die, wie Prof. Courtney Brown wohl richtig festgestellt hat, der Geheimhaltung dienen. Mit meinen Worten: Sie sollen die Aktivitäten der Dritten Macht auf unserem Nachbarplaneten verbergen. Solange bis die Zeit gekommen ist, und »das Signal zum Aufbruch« gegeben wird. Die Öffentlichkeit nimmt die seltsamen Vorfälle zur Kenntnis, kennt aber weder die Verursacher noch deren Intentionen. Trotzdem ist sie damit auf eine bestimmte Weise konditioniert.

Dabei – und zu dieser Erkenntnis bin auch ich recht spät gelangt – hätten die Bestrebungen der Dritten Macht zur Kolonisierung des Mars schon recht früh erkannt werden können, unabhängig von dem, was ein Narciso Genovese berichtet hat. Der erste Schritt, die Wahrheit herauszufinden, war schon getan.

Mehreren französischen UFO-Forschern, darunter auch der bekannte Jacques Vallee, war Ende 1961 bei der Auswertung ihrer UFO-Datenbasis aufgefallen, dass eine Korrelation zwischen der Anzahl der Sichtungen und der Entfernung des Planeten Mars bestand, d.h. je kürzer die Entfernung zum Roten Planeten, desto häufiger wurden UFOs gesichtet. Die Übereinstimmung für die untersuchten Jahre 1958 bis 1960 war geradezu verblüffend und konnte durch weitere Erhebungen über andere Datenbestände bestätigt werden. (64)

Wir erinnern uns: Der erste Flug von Angehörigen der Dritten Macht zum Mars fand laut Narciso Genovese im Jahr 1956 statt. In den Folgejahren wurden die ersten Schritte zum Aufbau einer ständig besetzten Basis auf dem Nachbarplaneten unternommen. Was das mit der von den Franzosen bemerkten Korrelation zu tun hat? Ich denke, die Antwort ist einfach: Die materielle Kapazität sowie vor allem die Anzahl des der Dritten Macht zur Verfügung stehenden Personals war in den 50er Jahren des letzten Jahrhunderts noch vergleichsweise gering, so dass über einen gewissen Zeitraum Schwerpunktsetzungen erfolgen mussten. Entweder der Aufbau der Marsbasis hatte Priorität oder den irdischen Unternehmungen wurde der Vorrang eingeräumt. Für einige Jahre musste mit den eigenen Kräften haushälterisch umgegangen werden. Der Transitverkehr zum Roten Planeten bestimmte die Häufigkeit der UFO-Sichtungen. Dabei dürfen wir nicht unberücksichtigt lassen, dass sich mit den nach dem Prinzip von »Die Glocke« funktionierenden Antrieben der Dritten Macht die Flugzeit zu unserem Nachbarplaneten im Unterschied zu den 250 Tagen, die im Durchschnitt mit unserer heutigen Technologie eine solche Reise dauert, auf 34 Tage verkürzte. (3) Waren sich Mars und Erde nahe, kehrte der größte Teil des mit der Marskolonisation betrauten Personals zur Erde zurück, einerseits um die Flugzeit weiter zu verkürzen und andererseits – so meine Vermutung – um dem absolut unwirtlichen Klima des 160 Erdtage langen Marswinters zu entgehen. Daraus resultierte in den nächsten Monaten ein zahlenmäßiger Anstieg der UFO-Sichtungen.

Warum ließen die französischen Forscher später von ihren Untersuchungen ab? In den 60er Jahren des letzten Jahrhunderts wurde deutlich, dass es sich beim Mars um einen lebensfeindlichen Planeten handelt. Die UFO-Besatzungen mussten demnach eine andere Heimat haben. So drängte sich die Erkenntnis auf, dass die UFOs von einer Welt weit jenseits unseres Sonnensystems kamen. Und wer interstellare Räume überwinden konnte, für den war die Entfernung zwischen Mars und Erde bedeutungslos. Die Spur, die damals zu den wahren Urhebern des UFO-Phänomens hätte führen können, war einmal mehr verwischt.

In meinem ersten Buch hatte ich geschrieben: »Neben der Behinderung von Mars-Expeditionen anderer Raumfahrt treibender Mächte sollte als weitere Anomalie die Beobachtung ungewöhnlicher Oberflächenstrukturen auf dem Mars Rückschlüsse auf die Aktivitäten der Dritten Macht zulassen.« (1) Es folgten damals detaillierte Hinweise auf die tatsächlich vorhandenen, mit Hilfe der Fraktal-Analyse als künstlichen Ursprungs identifizierten Bauwerke. Eine Theorie, warum das Aussehen der Monumente auf dem Mars über Jahrzehnte einer erheblichen Veränderung unterworfen war, hatte ich in »Götterwagen und Flugscheiben« näher ausgeführt. (2)

Eine Frage, die mir seit der Entdeckung der Information hinter dem Kornkreisphänomen keine Ruhe mehr lassen wollte, war die, ob sich nicht auch hinter der Anordnung der Marsbauten ein tieferer Informationsgehalt verbergen könnte. Ich fand die Antwort in einer Veröffentlichung des oben schon erwähnten Richard C. Hoagland und von Mike Bara. (60)

In deren Buch wird Bezug genommen auf die Botschaft der Monumente in der Cydonia-Region, in der sich auch das »Mars-Gesicht« befindet.

Im Jahr 1988 wandte sich Erol Torun, ein Kartograf und Auswerter von Satellitenfotos, an Hoagland und wies ihn auf die besondere Geometrie innerhalb und zwischen den »Marsbauten« hin. Die spätere Zusammenarbeit der beiden Forscher erwies sich als fruchtbar, denn sie konnten den Schlüssel zur Dekodierung der vermuteten Botschaft entdecken: Die Geometrie des Tetraeders.

Sie dehnten ihre Untersuchungen auf mehr und mehr Monumente aus und fanden sich in ihrer Annahme bestätigt, dass nicht der Zufall sie zum Narren hielt, sondern von ihnen tatsächlich eine Information hinter der Konfiguration dieser Oberflächenstrukturen aufgedeckt worden war. Auch von unabhängiger Seite konnte dieser Sachverhalt bestätigt werden. Das Verteilungsmuster nahezu identischer Hügel in der Cydonia-Region erwies sich demnach als überwiegend tetraedisch und zwar mit einer Wahrscheinlichkeit, die 200 Millionen zu eins gegen einen natürlichen Ursprung sprach.

Ohne die Details der Theorie von Hoagland und Torun an dieser Stelle weiter ausführen zu wollen, kann der Extrakt ihrer Arbeit wie folgt zusammengefasst werden: Die tetraedische Botschaft von Cydonia basiert auf der Idee, dass innerhalb der tetraedischen Mathematik nichts weniger als ein neues Modell der Physik verborgen ist – das der Torsionsfeld-Physik. (60) Kommt einem das nicht bekannt vor? Hoagland zitiert den amerikanischen Wissenschaftler Paul Murad, der die Torsionsfeldtheorie auf ihre zukünftige praktische Anwendung für den Antrieb von Raketen erforscht: »Somit scheinen diese beiden Felder – Gravitation und Torsion – miteinander verwandt zu sein und sind möglicherweise auch der Schlüssel zur Nutzbarmachung der unbegrenzten Energie aus dem physikalischen Vakuum oder dem Nullpunktfeld.« (60) Eine Erkenntnis, zu der vor vielen Jahrzehnten schon andere gelangt sind.

Wir stehen vor der staunenswerten Tatsache, dass sowohl hinter dem Kornkreisphänomen als auch hinter dem geometrischen Beziehungsmuster der Marsmonumente die gleiche Botschaft enthalten ist: Der Hinweis auf die Möglichkeiten der Energiegewinnung aus dem Vakuum sowie auf die Nutzung der Antigravitation! Wie hatte ich in »Operation Tamacuari« geschrieben: »Die von der Dritten Macht gezogenen

Folgerungen aus der Entdeckung des das ganze All durchziehenden Nullpunktenergiefeldes dürften ein Tor aufgestoßen haben, dessen Durchschreitung in einer völlig verwandelten Weltsicht gipfelt. Der ›Tag X‹ bedeutet in diesem Sinne zweifelsohne auch eine neue Offenbarung.« (3)

Die entdeckte Übereinstimmung führt zu der unabweisbaren Tatsache von der Identität der Urheber sowohl der Agroglyphen als auch der Bauwerke auf dem Mars!

In diesem Kapitel wurde der Weg der Dritten Macht von ihrem Hauptquartier am Pico Tamacuari über den Mond als Zwischenstation bis zum vorläufigen Ziel ihrer interplanetaren Raumfahrt-Missionen, dem Mars, nachgezeichnet. Nach Jahrzehnten durchlebter Abenteuer im All werden uns am »Tag X« die Angehörigen einer »Weltraumrasse« gegenüber stehen. Inwieweit deren kosmisches Bewusstsein überhaupt noch mit unserer Vorstellungswelt kompatibel ist, bleibt abzuwarten.

6.
DIE KERNBOTSCHAFT

In einem der am besten dokumentierten UFO-Entführungsfälle, dem der Betty Andreasson, wird etwas ganz Entscheidendes über das Verhältnis der großen blondhaarigen, von Menschen nicht zu unterscheidenden UFO-Insassen zu den ebenfalls häufig beobachteten kleinen, grauen Wesen mit den überproportional großen Köpfen, die dem Klischee einer außerirdischen Lebensform auf so einzigartige Weise entsprechen, ausgesagt: »Sie sind ihre Diener. Die Grauen sind ihre Diener. ... Die Grauen arbeiten für sie. Und sie sehen alles durch die Augen der Grauen. Sie können ihnen befehlen, was immer sie wollen.« Betty konnte beobachten, wie den von vielen UFO-Forschern für ET's gehaltenen Wesen die Augen ausgewechselt wurden. »Warum nehmen sie die Augen?« Betty: »Sie benutzen sie, um Kontrolle über sie auszuüben.« Durch die »Grauen« können die dem nordischen Typus entsprechenden Besatzungen der unbekannten Flugobjekte sehen, handeln und aktiv sein. (65)

An welchem Ort hat dieses Ereignis stattgefunden? Das, was ihr die Entführer über eine hypnotisch induzierte Bilderfolge zeigten, lässt nur wenig Interpretationsspielraum: »Es gab kein pflanzliches Leben ... wo die Atmosphäre aus vibrierenden roten Farben bestand ... und die Tür verschloss sich wieder, so dass man die rote Umgebung nicht mehr sehen kann. Es war alles rot dort – diese Atmosphäre.« (35,65) Die wüstenähnliche Landschaft und die rötliche Färbung des Himmels weisen eindeutig auf den Mars hin.

Nun könnte der Bericht der Betty Andreasson als Einzelfall abgetan werden, lägen zur Bestätigung nicht noch andere Erlebnisschilderungen ähnlichen Inhalts vor.

Die Psychiaterin Dr. Rima Laibow hat berichtet, dass einer ihrer Patienten einen der kleinen »Grauen« an der Kehle gepackt hätte. Der Hals fühlte sich demnach nicht an wie der eines Lebewesens, sondern war hart wie ein Stock. Darüber hinaus scheinen die schwarzen Augen tatsächlich künstliche Sensoren zu verbergen. Eine andere Entführte versuchte sich gegen die Übergriffe der »Grauen« zu wehren und schlug einem der Wesen die schwarze Augenschale weg. Dahinter zeigte sich eine Miniaturelektronik wie von einer TV-Kamera. (66)

Im vorangegangenen Kapitel hatte ich wiedergegeben, was Prof. Courtney Brown während einer Remote-Viewing-Sitzung über den Abschuss des *Mars Observer* herausfinden konnte. Das Raumschiff, welches die amerikanische Sonde mit einem Projektil zum Absturz brachte, war von einem unterirdischen Hangar auf dem Mars gestartet. In diesem hielten sich, wie Prof. Brown ergänzend schildert, zahlreiche Wesen auf. Die menschlichen »Marswesen« übten die Leitung aus. Einige der Anwesenden waren klein und glichen den »Grauen«. Sie hatten den Status von Arbeitern. Das Labor, in dem sie »geboren« wurden, schien sich, so der Eindruck Prof. Browns, in einer unterirdischen Basis auf dem Mond zu befinden. (41)

Der erneute Hinweis auf einen Stützpunkt auf dem Mond ist sicherlich interessant, und es mag sein, dass die Fertigung der »Grauen« an mehreren Stellen erfolgt. Allein schon aus Sicherheitsgründen, wegen der großen Entfernung zur Erde bin ich jedoch der Meinung, dass die Dritte Macht den Mars als Produktionsstandort für ihre Geschöpfe favorisiert haben wird.

Die aufgeführten Beispiele zeigen noch einmal eines unmissverständlich auf: Bei den während der UFO-Entführungen so häufig gesichteten »Grauen« handelt es sich nicht um leibhaftige Außerirdische aus einem anderen Sternensystem, sondern um künstlich geschaffene »Wesen«, entweder hoch entwickelte Roboter oder so genannte kybernetische Organismen (KYBORGS). Nichts anderes hatte ich schon in »Die Zukunft hat längst begonnen« angesichts der von den Entführungsopfern geschilderten Eigenschaften der »Grauen« behauptet. (1)

Der mit »Die Evolution des UFO-Phänomens« überschriebene Abschnitt dieses Buches ist der aus meiner Sicht wichtigste überhaupt gewesen. Nicht nur wurde im Detail die schrittweise technische Entwicklung der UFOs nachgewiesen, die eine extraterrestrische Herkunft von vornherein ausschloss, sondern es gerieten auch die Besatzungen der Flugobjekte, deren Verhalten und Absichten in den Fokus einer eingehenden Betrachtung. Rückblickend kann ich heute feststellen, dass ohne die tiefgehende Kenntnis des UFO-Entführungsphänomens, wie ich sie mir über viele Jahre angeeignet hatte, niemals der systematische Gedankenbau zur Dritten Macht entstanden wäre. Den UFO-Entführungen kommt in diesem die Rolle eines Schlüsselelements zu. Was sich daraus ableitet ist die Kernbotschaft, die die Dritte Macht für uns bereit hält.

Ganz am Rande und ohne an dieser Stelle deutlicher werden zu wollen, kann ich versichern, dass für mich und Teile meiner Familie dieses Thema nicht nur theoretischer Natur geblieben ist. Bei passender Gelegenheit werde ich in naher Zukunft mehr über diese Verwicklungen zu berichten haben.

Für alle, die mein erstes Buch nicht kennen, will ich zum grundlegenden Verständnis des UFO-Entführungsphänomens eine kurze Zusammenfassung geben:

Der erste dokumentierte UFO-Entführungsfall fand im Jahr 1961 in den USA statt und betraf das Ehepaar Betty und Barney Hill. Durch hypnotische Rückführung konnte ein Teil der »unterdrückten« Erinnerungen der Hills an dieses Erlebnis später reaktiviert werden. Ihr Bericht enthält eine Vielzahl von Elementen, die auch in späteren Entführungsfällen immer wieder berichtet worden sind und von daher gewissermaßen als Konstanten anzusehen sind. Dazu gehören:

– die Entführung in ein UFO
– das Auftreten der kleinen »Grauen«
– telepathische Kommunikation
– die teilweise oder gänzliche Blockade der Gedächtnisinhalte
– »verlorene Zeit«, d.h. Zeit, über die man sich keine Rechenschaft abgeben kann
– medizinische Untersuchungen, die größtenteils einen sexuellen bzw. genetischen Hintergrund haben.

Während anfänglich nur wenige andere Entführungsfälle berichtet wurden, nahm ihre Anzahl seit 1967 über die sich anschließenden 70er Jahre deutlich zu, um sich in den beiden darauf folgenden Jahrzehnten nahezu explosionsartig zu vermehren. Eine 1991 in den USA durch die Roper-Organisation durchgeführte Umfrage ergab, dass bis dahin möglicherweise schon eine Million US-Amerikaner Opfer des UFO-Entführungsphänomens waren.

Spätere Untersuchungen deckten immer neue Elemente des eigentlichen Entführungsereignisses auf und konnten den nahezu standardisierten Ablauf minutiös rekonstruieren. (54) Alle auf den ersten Blick rätselhaften Komponenten, wie zum Beispiel die beschriebenen psychologischen Effekte, die fortschrittlichen genetischen Prozeduren, die auf scheinbar telepathischem Weg vorgenommene Informationsübertragung, die Funktion der den Entführten eingesetzten Implantate, die aus der Ferne realisierte Einwirkung auf Motoren und elektrische Einrichtungen, ja selbst der Transport der Betroffenen durch Wände und geschlossene Fenster sowie die von den Entführungsopfern wahrgenommenen Charakteristika der »Grauen« konnten meiner Meinung nach auf Entwicklungen der Dritten Macht zurückgeführt werden, die ihre Grundlage in zum Ende des zweiten Weltkrieges schon vorhandenen wissenschaftlich-technischen Entwürfen und Projekten hatten bzw. waren anderweitig ohne den Verweis auf die Notwendigkeit des Vorhandenseins einer weit in die Zukunft reichenden extraterrestrischen Technologie erklärbar. (1)

Vor allem eines wurde bei den Nachforschungen deutlich, dass die Kidnapper mit ihren Einsätzen vorrangig ein Ziel zu verfolgen schienen: In einem genetischen Großversuch eine bestimmte Spezies Mensch heranzuzüchten. Diese als »Hybriden« bezeichneten Wesen gleichen in ihrem äußeren Erscheinungsbild den originären Besatzungen der Flugobjekte, den »Nordischen«, verfügen jedoch über zusätzliche, durch Genmutationen hervorgerufene Eigenschaften. Von daher sind beide Gruppen rein äußerlich nicht von anderen Menschen des nordischen Typs zu unterscheiden und können somit unsere Gesellschaft völlig unbemerkt infiltrieren.

Klar wurde auch, dass einem nicht unbedeutenden Teil der Entführungsopfer in naher Zukunft eine besondere Rolle zufallen wird. Sie tragen für den »Tag X« ein Programm in sich, vergleichbar mit einem Verhaltensmuster, das durch einen posthypnotischen Befehl in ihnen angelegt ist. (1,2,67) Da einige Entführte in unterirdische Einrichtungen verbracht worden sind, konnte daraus geschlussfolgert werden, dass die UFOs von irdischen Stützpunkten aus operieren. (1,68)

Letztlich kristallisierten sich bei genauerer Betrachtung die einzelnen Bestandteile der von mir so bezeichneten Kernbotschaft heraus:

1. **Ziel aller Aktivitäten der UFO-Besatzungen ist die Übernahme der Welt.**
2. **Diese wird innerhalb kurzer Zeit, mindestens aber in der Lebensspanne der Generation erfolgen, die sich zur letzten Jahrtausendwende im reproduktiven Alter befunden hat.**

3. Die Träger des Umschwungs sind zum einen die in großer Zahl gezeugten »Hybriden«, wie auch die vielen Millionen der von mir als »Schläfer« bezeichneten Entführungsopfer.
4. Die Zukunft auf diesem Planeten gehört einem speziellen Typus Mensch.

Zur Kernbotschaft gehört weiterhin auch ein Punkt, mit dem ich mich am Ende dieses Kapitels näher befassen will.

Zuvor jedoch sollen zu bestimmten Details des UFO-Entführungsphänomens erweiterte Erklärungsansätze präsentiert werden, die das Gesamtbild abrunden helfen.

Unmoralische Handlungen und genetische Variabilität der »Hybriden«

Beginnen möchte ich mit Auszügen aus einem Leserbrief, die mir die Gelegenheit geben, gleich zwei Aspekte auf einmal abzuhandeln. Nach einigen einleitenden lobenden Bemerkungen zu einem meiner Bücher bricht es förmlich aus dem Schreiber heraus: »Nur in einer Richtung bin ich recht konsterniert und muss davon ausgehen, dass Sie da bedauerlicherweise absolut falsch liegen! Sie führen auch jetzt wieder an, das die so genannten »Grauen« Geschöpfe der Dritten Macht seien und das ganze Entführungsszenario in deren Auftrag abliefe, um so die eigene Population weiter auszubauen, wie das für den herannahenden ›Tag X‹ dann vorteilhaft wäre. Das kann nicht stimmen! Wenn die Entführungen mit dem genannten Zweck unter der Regie der Dritten Macht vonstatten gingen, würde das in möglichst harmonischer Weise ablaufen, um jeden insbesondere seelischen Schaden von den Auserwählten auszuschließen. Das glatte Gegenteil ist der Fall! So werden zum Beispiel junge Mädchen – noch völlig unerfahren – zum Sex mit irgendwelchen Männern gezwungen und so seelisch für ihr ganzes Leben geschädigt.«

Belegt wird das mit einem Zitat aus einem der Bücher des UFO-Entführungsforschers Prof. David Jacobs. Dann noch die Frage: »Wozu braucht die Dritte Macht Hybriden, um ihre Population zu vergrößern, was soll die Einkreuzung der überragenden Fähigkeiten der ›Grauen‹?«

Dieser letzte Hinweis lässt auf ein Missverständnis schließen. In keinem meiner Bücher ist davon zu lesen, dass Belege für erfolgreiche Kreuzungsexperimente zwischen den »Grauen« und von der Dritten

Macht ausgewählten Menschen, dass also echte Hybriden existieren. Die »Grauen« sind, wie schon gesagt, künstliche Geschöpfe, eventuell in der Retorte auf DNS-Basis gezeugt, vielleicht handelt es sich bei ihnen aber auch nur um hochentwickelte Roboter, also Maschinen. Trotzdem benutze ich das Wort »Hybriden«, setze es jedoch immer in Anführungszeichen, weil es nun einmal in der Entführungsliteratur zur Bezeichnung jener genetisch mutierten Wesen als gebräuchlicher Terminus Verwendung findet. Gemeint sind in diesem Fall jedoch immer auf den nordischen Typus hin gezüchtete Menschen, bei denen bestimmte Eigenschaften – wir könnten auch sagen Talente – mit den Verfahren der Gentechnik eine besondere Ausprägung erfahren haben. Ich denke in diesem Zusammenhang besonders an die Befähigung zur Telepathie, zur Hypnose und zum Remote Viewing, Begabungen, von denen wir wissen, dass sie einer starken genetischen Prädisposition unterliegen und die mit Ausnahme des Remote Viewing von den Entführten den »Hybriden« zugeschrieben werden. (67)

Auch gänzlich neue Fähigkeiten, wie die Technik, auf mentale Weise »Gehirnscans« bei den Entführten vorzunehmen und damit vom Bewusstsein der Betroffenen Besitz zu ergreifen, scheinen entwickelt worden zu sein. (67) Das letztgenannte Vorgehen lässt sich – wenn auch Vermutungen in dieser Richtung angestellt worden sind – nur schwer mit bekannten Hypnosetechniken in Einklang bringen.

In »Operation Tamacuari« hatte ich – vorerst noch rein spekulativ – auf eine weitere möglicherweise durch die Dritte Macht schon realisierte Variante der Beeinflussung des menschlichen Erbmaterials hingewiesen. Schon vor dem 2. Weltkrieg, hier besonders in Deutschland, kamen mehrere wissenschaftliche Untersuchungen zum Abschluss, die eine starke genetische Veranlagung zu einer bestimmten künstlerischen oder wissenschaftlichen Tätigkeit in bestimmten Familien in einem über viele Generationen während Zeitraum nachweisen konnten. Von mir wurde folgende These zur Diskussion gestellt: »Das wiederum bedeutet, die Dritte Macht könnte einen entsprechenden Genpool identifiziert und über Kreuzungsversuche weiter herangezüchtet und damit optimiert haben. Sie hätte sich auf diese Weise ein geradezu unerschöpfliches Reservoir von Spitzenwissenschaftlern geschaffen.« (3)

Jetzt jedoch zum Einwand, die Dritte Macht würde niemals in der beschriebenen gewaltsamen Art und Weise vorgehen, um ihre Ziele zu realisieren. Ich befürchte, nein ich bin der festen Ansicht, dass das Handeln der Dritten Macht prinzipiell nicht mit dem Maßstab unserer Moral christlicher Provenienz gemessen werden kann. Wir dürfen nicht vergessen, ihre Agenda ist mit dem Blick auf eine finale Entscheidung langfristig ausgerichtet. Es geht ihr um nicht mehr und nicht weniger als die totale Herrschaft auf diesem Planeten, solange dieser noch bewohnbar ist – also für wenigstens 500 Millionen Jahre. (2) Der Zweck heiligt dann wohl die Mittel.

Und wer sagt denn, dass das zitierte Einzelbeispiel überhaupt als repräsentativ zu betrachten ist? Es steht nicht einmal fest, ob aus dem erzwungenen Geschlechtsverkehr des bis dahin jungfräulichen Mädchens mit dem erwachsenen Mann Nachwuchs für den von der Dritten Macht bevorzugten Genpool entstehen sollte. Vielleicht erfüllte diese Kopulation nur den Zweck – so wie weiter oben beschrieben – Arbeitssklaven zu zeugen. Aus diesem Grund dann die nicht vorhandene Rücksichtnahme auf Menschen, die möglicherweise nicht den sonstigen Auswahlkriterien der Dritten Macht entsprachen.

Täuschen und Tarnen

Absichtlich erzeugte falsche Erinnerungen sorgen für eine gestörte Wahrnehmung der Realität bei den Entführungsopfern und dienen damit zugleich der Verschleierung und Tarnung der wahren Absichten hinter den Handlungen der Dritten Macht. Welche Hilfsmittel könnten hierfür zur Anwendung kommen?

»Neben der Erzeugung künstlicher Amnesien ist das Einpflanzen falscher Erinnerungen und fremder Überzeugungen ein wesentliches Element der Bewusstseinskontrolle.« Hypnose ist ein probates Mittel, um dieses Ziel zu erreichen. »Zu diesem Zweck wird der Hypnotisant dressiert, so genannte künstliche Komplexe zu akzeptieren.« Schon der legendäre Hypnotiseur Milton H. Erickson hatte geschrieben: »Diese Komplexe sind frei erfundene Geschichten emotionaler Natur. Sie werden der Versuchsperson erzählt, während sie sich in einem tiefen Trancezustand befindet.« (69)
Die Suggestibilität eines zu hypnotisierenden Probanden kann durch den Einsatz von Drogen noch erhöht werden. Am besten geeignet für den Einsatz im Rahmen der Narko-Hypnose sind wegen der begrenz-

ten Dauer der UFO-Entführungen psychedelische Substanzen, deren Wirkung schnell eintritt, sich aber nach relativ kurzer Zeit wieder vollständig verliert. Besonders empfiehlt sich unter diesem Gesichtspunkt der Einsatz des Alkaloids N,N-Dimethyltryptamin, kurz DMT genannt. Die richtige Dosis vorausgesetzt, beginnt es schon wenige Sekunden nach der erfolgten Injektion zu wirken, löst fast augenblicklich intensive psychedelische Visionen aus und nach nur ca. 30 Minuten ist der Normalzustand wieder hergestellt. (70) Mit DMT scheint es eine besondere Bewandtnis zu haben und gerade für die Dritte Macht bot sich – wie wir noch sehen werden – ein weites Experimentierfeld für die Erprobung dieser Substanz unmittelbar vor ihrer Haustür am Pico Tamacuari an, konnte sie doch dabei auf jahrhundertelange Erfahrungen ihrer unmittelbaren Nachbarn zurückgreifen.

Theoretisch wäre es sogar möglich, das Auftreten der »Grauen« während der UFO-Entführungen in vollem Umfang durch den kombinierten Einsatz von Hypnose und DMT zu erklären, besser gesagt, wegzuerklären, jedoch ist deren Präsenz auch durch Sichtungen unabhängig vom Entführungsphänomen sowie durch Erkenntnisse aus dem Einsatz von Remote Viewing als gesichert zu bezeichnen.

Wenn einige Entführte nichts von den Schöpfern der »Grauen«, den großen, blonden Wesen zu berichten wissen und dadurch der Eindruck entstehen könnte, die KYBORGS bzw. Roboter würden ausschließlich auf eigene Initiative handeln, so ließe sich zumindest dieser Umstand durch hypnotisch hervorgerufene falsche Wahrnehmungen nach dem oben beschriebenen Muster erklären.

Nach dem gleichen Prinzip werden meiner Meinung nach auch falsche Erinnerungen erzeugt bezüglich des »Generationenproblems«. Die Entführungsforscher haben herausgefunden, dass in einigen Familien mehrere Generationen von den UFO-Entführungen betroffen sind. Vor dem Hintergrund der augenscheinlich genetischen Komponente des Entführungsphänomens ergibt das durchaus einen Sinn. Vorsicht ist dagegen angebracht, wenn Angehörige der älteren Generation unter Hypnose über angebliche Entführungen im Kindesalter berichten, also von Ereignissen, die sich mehrere Jahre vor 1961, dem Jahr der Hill-Entführung, zugetragen haben sollen oder sogar noch in die Zeit vor dem 2. Weltkrieg zurückreichen. In diesen Fällen könnten einerseits falsche Erinnerungen durch inkompetente Hypnotiseure unter den Ent-

Abb. 1

Abb. 2

Abb. 3

Abb. 5

Abb. 6

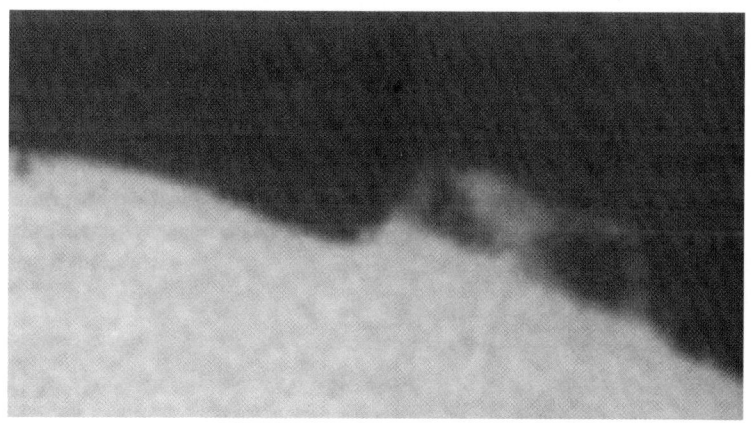

Abb. 7

Abb. 8

TOP SECRET

ISSUED BY THE INTELLIGENCE DIVISION
OFFICE OF CHIEF OF NAVAL OPERATIONS
NAVY DEPARTMENT

INTELLIGENCE REPORT

Serial ___39-8-46___
(Start new serial each year, i. e. 1—41, 2—41)

Monograph Index Guide No. ___8C4—5900___
(To correspond with SUBJECT given below. See O. N. I. Index Guide. Make separate report for each main title.)

From ___Naval Attache___ at ___Paris, France___ Date ___13 Aug___ 19 46
(Ship, fleet, unit, district, office, station, or person)

Reference _____

(Directive, previous related report, etc., if applicable)

Source ___Official___ Evaluation ___B-C___
(At official, personal observation, publication, press, conversation with—identify when practicable, etc.)
A-1 to E-O etc.
A8/B9-2-05; SPR, GR3441—12-12-47

Subject ___RUSSIA___ ___GUIDED MISSILES___
(Nation reported on) (Main title as per index guide) (Subtitle) (Make separate report for each title)

BRIEF: (Here enter capsuled summary of report, containing substance conclusively stated; include important facts, names, places, dates, etc.)

Report on Guided Missiles sent from
Soviet Controlled Territories over
Scandinavian Territories.

Enclosure (1): Map of Itineraries.

The following official French report disseminated to the French President, the Chiefs of the General Staffs of the Army, the Navy, the Air Force, the top officials at the General Staff of National Defense and the Committee for Scientific Coordination which is based on reports made by the French Military Attaches in Scandinavian countries and from press and radio sources is forwarded as of interest.

"As early as the end of the month of May 1946, first apparitions 23 May 1946, the Swedish and Finnish press were mentioning luminous phenomena observed mainly at sundown in the skies of these countries and the highly controversed question was to know whether they were meteors or jet propelled projectiles.

"Swedish opinion was fairly reserved on the question whereas in Finland, at the end of June, the opinion prevailed that they were meteors whose presence in the Finnish skies was nothing extraordinary at this time of the year (this was the opinion in particular of professors of the astronomical observatories, the Geodetic Institute and the Meteorological Institute of Helsinki.)

"Since that time, faced with the result of numerous observations made, and in particular those of 9 and 10 July (more than 250 in Sweden, a number which appears quite high and which must include engines counted several times) it is impossible to doubt that they are projectiles. The Swedish and Finnish staffs are now absolutely convinced; the certain proof which would constitute an almost intact projectile has nevertheless not yet been found. Indeed, there are relatively few falls in Scandinavian territory and the machines are evidently self-destroying (none, certainly, have caused any damage in Scandinavian territory).

Distribution by Originator: ONI; COMNAVEU; OMGDS (NAVAL ADVISOR); MA PARIS.
ATTN: MAJOR GHARKEY AND COL. VALENTINE;
ALUSNA SWEDEN; ALUSNA NORWAY;

Abb. 9

Abb. 11

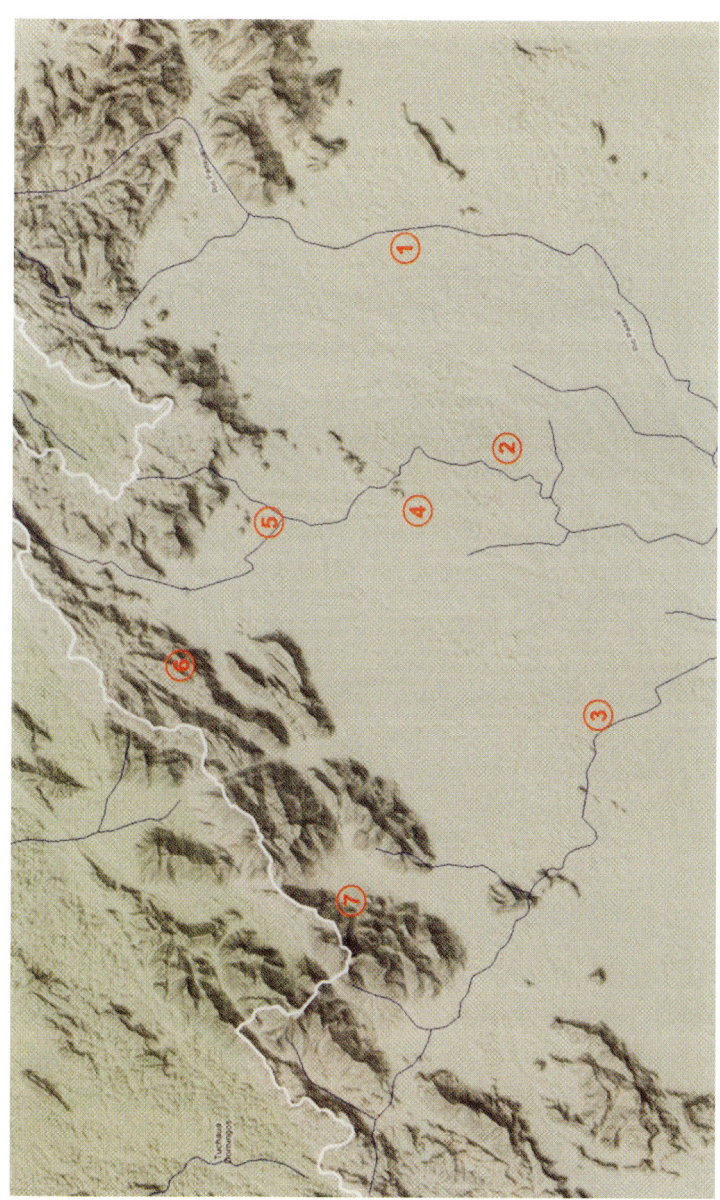

Abb. 12:
1. Rio Padauiri, 2. Rio Castanho, 3. Rio Marari, 4. Aussichtspunkt mit Blick auf die "Pyramiden", 5. "Pyramiden", 6. Ruinen der alten Stadt, 7. Eingang zum Hauptquartier der Dritten Macht

Abb. 13

<u>Abb. 14</u>

Abb. 15

Abb. 16

Abb. 17

Abb. 18

Abb. 19

führungsforschern induziert worden sein, die auf ein systematisches Vorgehen hindeutende Stringenz dieser Berichte spricht aber eher dafür, dass aus Gründen der Tarnung und um Verwirrung zu stiften, die UFO-Insassen sie vorsätzlich im Unterbewusstsein der Entführten verankert haben.

Dass zu einem derart frühen Zeitpunkt keine in erster Linie dem genetischen Zuchtziel dienenden UFO-Entführungen nach der von den Entführungsforschern aufgedeckten Systematik vorgekommen sein können, scheint auch aus folgenden Gründen plausibel:

- Fragmente von Erinnerungen, seltsame Träume und gar nicht einmal so selten auch in völliger Klarheit bewusst wahrgenommene Erlebnisse haben ähnlich den Eheleuten Hill über Jahrzehnte hunderte Entführungsopfer bei Ärzten oder bei in der Öffentlichkeit bekannten Entführungsforschern um Hilfe nachsuchen lassen, um die seelischen Folgen aus den von vielen als traumatisch empfundenen Begegnungen abzumildern. Aus der Zeit vor 1961 ist hingegen kein einziger Fall bekannt geworden, obwohl die Probleme doch die gleichen gewesen sein müssten.
- Die erwachsenen »Hybriden« mit den oben beschriebenen neuen Eigenschaften machten sich erstmals in großer Zahl Ende der 80er Jahre bemerkbar. (67) Das bedeutet, bis zum Ende der 60er Jahre können seitens der Dritten Macht keine erfolgreichen (!) Genmanipulationen stattgefunden haben, und wenn doch, dann nur in sehr kleinem Umfang.
- Eine Katalogisierung der bis 1978 stattgefunden Sichtungen von UFO-Besatzungen lässt keinen Zweifel daran, dass von den ca. 2.000 Einträgen nur sehr wenige Bezug nehmen auf kleine graue Wesen. Die meisten Augenzeugen geben ein normales menschliches Aussehen der Besucher wieder, ganz im Gegensatz zu den Schilderungen späterer Jahre. (72)

Mit dem letzten Punkt sind auch »Kindheitserlebnisse«, die eine Interaktion mit den »Grauen« schon in den 40er und 50er Jahren beschreiben und die oft mit den genetischen Manipulationen in Zusammenhang gebracht werden, dem Reich der Phantasie zuzurechnen oder, anders ausgedrückt, bei ihnen handelt es sich um unter Hypnose »eingepflanzte« künstliche Komplexe.

Um Verwirrung zu erzeugen und über Vorgänge und Absichten hinwegzutäuschen, können natürlich auch noch andere Mittel als Hypnose zur Anwendung gelangen. Das trivialste wäre wohl die Verwendung von Masken, um die UFO-Entführungsopfer bei ihrer Interpretation der Ereignisse in Richtung der extraterrestrischen Hypothese zu verleiten. Tatsächlich liegen Berichte vor, die genau das bestätigen. (1,10)

Aber auch holografische Projektionen sind denkbar. Im Abschnitt über die Tierverstümmelungen hatte ich frühe Berichte über Experimente erwähnt, die darauf hindeuten, dass auf deutscher Seite Versuche mit Laserstrahlen schon zu einer Zeit durchgeführt wurden, da nach landläufiger Meinung an solche noch gar nicht zu denken war. Der Einsatz von Laser ist heute Grundvoraussetzung für die Erzeugung dreidimensionaler holografischer Bilder. Auch auf diesem Gebiet könnte demnach die Dritte Macht über einen Wissensvorsprung verfügen.

Das wiederum würde so manche auf den ersten Blick fremdartig anmutende Geschichten erklären, die im Zusammenhang mit UFOs immer wieder kolportiert worden sind. Zum Beispiel behaupten einige dieser Zeugen, dass Wesen neben den Flugscheiben aufgetaucht wären, die auf verblüffende Weise den so genannten Bigfoots geglichen haben sollen. (26) Kryptozoologen sind von der tatsächlichen Existenz dieser Relikt-Hominiden überzeugt und versuchen seit vielen Jahren einen definitiven Beweis für deren Überleben zu erbringen. Bisher allerdings ohne Erfolg.

Fast scheint es so, als würde die Dritte Macht ähnlich wie bei den ersten, die Aufmerksamkeit der Öffentlichkeit erregenden Kornkreisen, auch in diesem Fall hin und wieder ein rätselhaftes natürliches Phänomen benutzen, dabei gleichsam »auf den fahrenden Zug aufspringen«, um mit noch größerer Durchschlagskraft die Ziele ihrer Agenda zu erreichen. Dass von den UFO-Besatzungen den Entführten in vielerlei Hinsicht falsche Erinnerungen implantiert werden, haben schon die Pioniere unter den Entführungsforschern erkannt. Sie sprachen in diesem Zusammenhang von Deckerinnerungen. (71) Neu ist lediglich die Erkenntnis, mit welchen konkreten Methoden dabei vorgegangen wird.

Telepathische Kommunikation

In »Die Zukunft hat längst begonnen« hatte ich zur Frage der von vielen Entführungsopfern berichteten, angeblich auf telepathischem Weg vorgenommenen Informationsübertragung einen ersten Lösungsvorschlag unterbreitet:»Bekanntermaßen operiert das Gehirn mit Elektrizität. Es hat ein schwaches elektromagnetisches Feld und gibt sehr schwache elektrische Stöße ab. Diese bewegen sich in einem Frequenzbereich von einem bis 30 Hertz. Einer fortgeschrittenen Technologie müsste es demnach möglich sein, mit Hilfe von entsprechend abgestimmten Niedrigfrequenzsendern mentale und physische Funktionen zu übermitteln.« (1)

Vielleicht existieren neben diesem Verfahren, das nichts mit Magie oder übersinnlichen Kräften zu tun hat, in deren Nähe ansonsten häufig die»Gedankenübertragung« gerückt wird, noch andere Übermittlungswege, welche die Bezeichnung magisch eher verdienen.

In den letzten Jahren ist unter Remote Viewern häufig die Rede von aktivem Remote Viewing, auch als Remote Influence bezeichnet. Ziel ist bei diesem nicht allein die Observierung von Orten und Personen, sondern darüber hinaus die direkte Beeinflussung von Verhaltensweisen. Der ehemalige US-PSI-Spion Lyn Buchanan hat als Erster über Remote Influence berichtet und will es auch in mehreren Fällen selbst erfolgreich praktiziert haben. (45) Zwischenzeitlich sind auch andere Seher aus der Deckung getreten und haben sich zu ihren Versuchen, aktives Remote Viewing einzusetzen, bekannt. (73)

Der Theorie nach funktioniert Remote Influence, indem das Unterbewusstsein des Viewers mit dem der ausgeforschten Person über die »Matrix« Kontakt aufnimmt und dann auf sublime Art und Weise versucht, durch die Übermittlung von Stimmungen und Situationsbeschreibungen Einfluss zu nehmen. Das erinnert doch schon sehr stark an die für die erfolgreiche Einleitung fast jeder Hypnose notwendigen Suggestionen. Überhaupt scheinen die inneren Zustände unter Hypnose denen beim so genannten Extended Remote Viewing zu gleichen, einer Variante, für die im Unterschied zum Coordinate Remote Viewing das Erreichen der subluminalen Bewusstseinsschwelle erforderlich ist. Unterstützung findet diese Annahme in dem Umstand, dass Theta-Gehirnwellen sowohl bei tiefer Hypnose als auch bei dieser Form des Remote Viewing überwiegen. (74,75) Wir haben es hier anscheinend mit zwei verwandten Zuständen des Unterbewusstseins zu tun, die auf eine wissenschaftlich noch nicht geklärte Art und Weise mit der»Matrix«, dem Informationsspeicher des holografischen Universums, in Verbindung treten können. Wer jetzt sagt, die Hypnose wäre doch schon längst erforscht und vom Makel des Unerklärlichen befreit worden, dem muss widersprochen werden. Fakt ist: »Die Gehirnprozesse, die der Hypnose zugrunde liegen, sind weitgehend unbekannt.« (69)

Wie man sieht, entspricht Remote Influence im Unterschied zu dem eingangs beschriebenen technischen Verfahren eher dem, was gemeinhin unter Telepathie verstanden wird.

Ähnlich wie bei Anwendung der Hypnose zur Induzierung falscher Erinnerungen, könnte die Substanz DMT auch bei der telepathischen Informationsübertragung durch Remote Influence eine unterstützende Wirkung entfalten. Bei Versuchen mit DMT an Freiwilligen kommt es immer wieder zu Aussagen wie dieser: »Ich hatte den starken Eindruck, dass DMT telepathische Fähigkeiten hervorgerufen und ein mentales Band zu den Menschen um mich herum geschaffen hat.« (70)
Auch wurde bekannt, dass DMT spontan innere Zustände erzeugen hilft, die an das Gefühl der Bilokation beim Remote Viewing erinnern, d.h. eine Person meint in dieser Phase, an zwei Orten zugleich zu sein. (70) Es bleibt zu überlegen, ob die Einnahme von DMT nicht generell ein verbessertes Remote Viewing ermöglicht, egal ob es sich um passive Fernwahrnehmung oder um aktive Einflussnahme handelt.

Was ich hier nur tun kann, ist, Verbindungsstränge zwischen den einzelnen Phänomenen aufzuzeigen und auf dieser Grundlage alternative Erklärungsansätze für die während der UFO-Entführungen beobachteten »Merkwürdigkeiten« zu entwickeln. Wenn die präsentierten Lösungen nicht der Technologie einer extraterrestrischen Super-Zivilisation bedürfen, sondern wie im Falle des DMT, wie wir noch sehen werden, der besonderen Situation der Dritten Macht angepasst sind, wissen wir, dass wir uns auf der richtigen Spur befinden.

Es hat erwartungsgemäß eine Weile gedauert, bis der Dritten Macht der Durchbruch bei der Entwicklung der beiden in diesem Abschnitt genannten Verfahren zur »telepathischen Kommunikation« gelungen ist. Zuvor hatte, wie die Aussagen der mit dem UFO-Phänomen konfrontierten Augenzeugen schließen lassen, durchaus eine verbale Kommunikation stattgefunden. Gewöhnlich unterhielten sich die UFO-Insassen in der jeweiligen Landessprache mit den sich mehr oder weniger zufällig in der Nähe ihrer Fluggeräte aufhaltenden Menschen, wenn diese auch oft einen ausländischen Akzent zu bemerken glaubten. (66)

In diesem Zusammenhang sollte auch der erste bekannt gewordene Entführungsfall, der des Ehepaares Hill, noch einmal neu aufgerollt werden. Bei genauerer Betrachtung ist sowohl die Existenz der »Grauen« als auch die Anwendung von »Telepathie« zu einem so frühen Zeitpunkt durchaus in Zweifel zu ziehen. Wie man sehen wird, gehen damit einher überaus interessante Schlussfolgerungen zur Herkunft der Entführer.

Barney Hill sind, im Gegensatz zu seiner Frau, einige Details der Entführung bewusst in Erinnerung geblieben, Einzelheiten, die er während seiner ersten hypnotischen Rückführung bestätigte. (76) Uns sollen an dieser Stelle vor allem seine Aussagen zur Art und Weise der Verständigung mit den UFO-Insassen sowie zu deren äußerem Erscheinungsbild interessieren.

Ähnlich wie seine Ehefrau Betty konnte er sich daran erinnern, dass sich einer der Entführer in englischer Sprache mit ihnen unterhalten hatte. Der ausländische Akzent wäre freilich nicht zu überhören gewesen. (66) Ein anderes Mitglied der UFO-Besatzung hätte sich zwar ebenfalls an der Kommunikation beteiligt, jedoch wären in diesem Fall Verständigungsprobleme aufgetreten. Untereinander unterhielten sich die UFO-Insassen in einer fremden, den Hills unbekannten Sprache und das auch nur ganz leise.

Von einer telepathischen Kommunikation ist bei genauerem Hinsehen überhaupt nicht die Rede. Barney Hill interpretierte lediglich den zwingenden hypnotischen Blick des Anführers in diesem Sinne. Gerade dieses während seines Aufenthaltes an Bord immer wieder praktizierte Anstarren, wobei die Augen der Entführer den seinen sehr nahe gekommen sind, ist ihm unvergesslich geblieben. (76) Die Beschreibung deutet unmissverständlich auf die Anwendung einer Variante der unter Hypnotiseuren bekannten Faszinationsmethode hin. Danach bekam Barney den Befehl, die Augen zu schließen. Er spürte, dass sein Bewusstsein total der fremden Kontrolle unterworfen war.

Bevor die Entführer die mentale Kontrolle übernahmen, hatte Barney Hill einen ersten nachhaltigen Eindruck vom äußeren Erscheinungsbild der beiden wichtigsten Personen unter seinen Entführern bekommen. Im Unterschied zu immer wieder kolportierten Behauptungen, wonach die Besatzungsmitglieder klein gewesen wären und ihre Körpergröße weniger als 1,50 Meter betragen hätte – was später zur Verwechslung mit den kleinen »Grauen« Anlass gegeben hat – wurden sie von ihm lediglich als »nicht zu groß« und von menschlicher Gestalt bezeichnet. Er unterschied zwischen einem emotionslosen Anführer und einem anderen, freundlich wirkenden Mann, dessen Anblick er mit dem Aussehen eines rothaarigen (!) Iren verglich.

Besondere Aufmerksamkeit schenkte Barney der Bekleidung und dem Auftreten seiner Entführer. Sie trugen glänzende schwarze Uniformen, anscheinend aus Leder, und eine schwarze Schirmmütze auf dem Kopf. Nahezu emotionslos erledigten sie alle Handgriffe mit höchster Effizienz. Ihr Handeln erinnerte Barney spontan an »die kühle Präzision deutscher Offiziere«. Unter Hypnose formulierte er es noch drastischer: »Der Mann in der schwarzen Uniformjacke erinnerte ihn an einen Nazi!« (76)

Hatte die Besatzung des UFOs gegenüber den Hills auch ihre Abstammung zu verbergen gesucht – zum Beispiel durch das leise Sprechen – so war es Barney Hill doch gelungen, sie auf intuitive Weise zu entschlüsseln.

Anderen Ortes ließen die UFO-Insassen im Einzelfall jedoch auch manchmal alle Vorsichtsmaßnahmen zur Verschleierung ihrer Herkunft außer Acht, **vor allem, wenn sie sich unbeobachtet wähnten.**

Zum Beispiel am 6. November 1957 in Dante, einem Ort in Tennessee in den USA. Der zwölfjährige Sohn eines Farmers hatte in der Nacht seinen Hund ausgeführt »und dabei 100 Meter vom Farmhaus entfernt ein eigenartig glühendes Objekt auf dem Boden entdeckt. Er meinte noch zu träumen und ging wieder in sein Bett zurück. Wenige Minuten später stand er wieder auf, um seinen Hund hereinzulassen, den er mit anderen Hunden bellen hörte. Noch immer stand das leuchtende ovale Ding da. Um dieses herum standen zwei Männer und zwei Frauen, die von mehreren Hunden angebellt wurden. Alle waren sie normal gekleidet. ...Einer von den beiden wollte den Hund des Jungen fangen. Dabei redeten die Fremden in einer Sprache, ›wie die deutschen Soldaten in den Filmen immer sprechen««. (66) Hier hatte jemand die UFO-Insassen dabei ertappt, wie sie ihre wahre Identität preisgaben.

Implantate

In meinem Erstlingswerk hatte ich einige Gedanken zur Funktion der bei den Entführten eingesetzten Implantate entwickelt. (1) Diese will ich an dieser Stelle nicht wiederholen, sondern der Einfachheit halber eine Betroffene selbst zu Wort kommen lassen: »Er hat eine Art Instrument in der Hand. Es sieht aus wie eine Nadel, wie eine Spritze. Das ist es jedoch nicht. Es ist lang. Es hat eine lange Spitze, und die steckt er in mein Ohr ganz tief rein. Es geht bis in mein Gehirn durch, es macht irgendetwas mit meinem Kopf. ... Es ist winzig, sehr winzig, klein, was immer es auch ist. Und er sagt, es werde nie jemand erfahren, dass es dort ist. ... Irgendetwas knackt in meinem Ohr. ... Ich habe ihn gefragt, wozu das gut ist, warum sie das machen. Er sagt – er spricht nicht eigentlich, er sendet nur seine Gedanken. Es ist, als ob er seine Gedanken auf mich projiziert (ein gelungener Ausdruck für Remote Influence, der Autor), und er meint, dass sie wissen müssen, wie ich die Welt sehe, wie ich die Dinge sehe, wie ich die Dinge interpretiere, während sie passieren. So überwachen sie das, so wissen sie immer, wo ich bin. Sie wissen in jedem Augenblick, wie ich auf eine Situation reagiere. Er sagt, das sei wichtig für sie. Wichtig für ihre Forschung. Sie müssen das wissen ... weil sie wissen wollen wie es den kleinen Kindern geht. ... Es ist alles nur wegen der Kinder.« (67)

Bis Ende 2011 sind 16 Implantate aus den Körpern von Menschen entfernt worden, die sich zuvor einer Nahbegegnung mit UFOs bewusst geworden sind. Sechs von ihnen strahlten vor ihrer operativen Entnahme (!) elektromagnetische Wellen in verschiedenen Frequenzen aus. (77)

Seit 1995 ist es vor allem der amerikanische Mediziner Dr. Roger Leir, der sich auf die Entfernung vermeintlicher Alien-Implantate spezialisiert hat. Aufmerksam wurde er auf diese Problematik, als er während einer UFO-Konferenz Röntgenaufnahmen von zwei Betroffenen zu Gesicht bekam. In den Folgejahren konnte er bei streng wissenschaftlicher Herangehensweise und teilweise unter den Augen der Öffentlichkeit (Dokumentation der Eingriffe durch Videoaufnahmen) mehreren Personen die in ihren Körpern vorhandenen Fremdkörper entnehmen. In Doppelblindstudien ließ Dr. Leir die Implantate von renommierten Forschungslabors untersuchen. (78) In »Die Zukunft hat längst begonnen« hatte ich geschrieben: »Die Untersuchungen erbrachten keine außergewöhnlichen Resultate.« Diese Aussage bezog sich einzig und allein auf die stoffliche Zusammensetzung, d.h. aus den sichergestellten Materialien konnte nicht auf eine extraterrestrische Herkunft geschlossen werden. Davon abgesehen weisen die Implantate einige bemerkenswerte Charakteristika auf, die einen medizinischen Standard voraussetzen, der dem unsrigen um einige Jahre voraus ist. Nachfolgend seien die wesentlichen Ergebnisse der Analysen in einer Kurzübersicht präsentiert:

–   Mehrere bei verschiedenen Personen festgestellte Objekte glichen sich bis ins Detail in Größe, Form, Zusammensetzung und charakteristischen Eigenschaften, was die gemeinsame Herkunft plausibel erscheinen lässt.
–   Bei Bestrahlung mit ultraviolettem Licht leuchteten einige Implantate in grünlich fluoreszierender Farbe, eine »Markierung« die zuvor schon an den Hautpartien von einigen Entführten nachgewiesen werden konnte.
–   Die eigentlichen Fremdkörper waren in einer Art Membran eingeschlossen, die aus Blutprotein und Keratin bestand. Keratin kommt in der Hautoberfläche, den Haaren oder Nägeln, nicht aber im Körperinneren vor. Es wird vermutet, dass dieser Stoff dort gewonnen worden ist, wo sich bei vielen Entführten auf der Haut die so genannten Löffelnarben zeigen.
–   Die Sensation nach Meinung der beteiligten Mediziner: Entgegen dem sonstigen Verhalten körperfremder Stoffe im menschlichen Organismus konnten im umliegenden Gewebe der Implantate keinerlei entzündliche Reaktionen festgestellt werden, was unter Umständen auf die Umhüllung mit der erwähnten Membran zurückzuführen ist. (78)

Was letztlich selbst die Vertreter der extraterrestrischen Hypothese überrascht hat, ist die schiere Größe der geborgenen Implantate. (77) Diese reicht von mehreren Millimetern bis zu 1,5 Zentimetern. Das scheint sehr viel, wenn unterstellt wird, dass eine weit fortgeschrittene

Zivilisation von außerhalb der Erde sie angefertigt hat. Eine hoch entwickelte Nanotechnologie wäre in diesem Fall das Mindeste, was wir erwarten könnten. Der vergleichsweise primitive, sich nur wenig von unserem heutigen Entwicklungsniveau unterscheidende Zustand der Implantate weist eindeutig auf einen anderen Verursacher hin.

Mandschurische Kandidaten

Als solche bezeichnet man »mentale Roboter«, Menschen, die mit den Methoden der Bewusstseinskontrolle so weit gebracht werden, dass sie eine zweite Identität annehmen können. Der Ursprung des Begriffes lässt sich zurückführen auf historische Beispiele von chinesischen Kommunisten an ihren Gefangenen praktizierter Gehirnwäsche. Die auf diese Weise künstlich erzeugte Persönlichkeit agiert »auf Abruf« völlig unabhängig vom genetisch determinierten bzw. durch Umwelteinflüsse geformten »wahren« Wesen des betreffenden Menschen. Die erste Identität weiß nichts von der zweiten und umgekehrt, die Interessen der beiden können in letzter Konsequenz sogar in diametralem Gegensatz stehen. (69) Nichts anderes als mandschurische Kandidaten sind auch die mit posthypnotischen Befehlen programmierten »Schläfer« aus den Reihen der Entführungsopfer, die am »Tag X« für die Dritte Macht eine wichtige Funktion zu erfüllen haben. Siehe hierzu im Detail das Buch »Götterwagen und Flugscheiben«. (2)

In einigen Fällen reagierten Leser in der Vergangenheit mit Unglauben, ob eine solche Verhaltensprogrammierung überhaupt möglich sei.
Als Entdecker des posthypnotischen Befehls gilt der französische Hypnotiseur M. de Mouillesaux. Im Jahr 1789 suggerierte er einer jungen Frau, sie solle am nächsten Tag genau um 9 Uhr ein ihr zuvor unbekanntes Haus aufsuchen, was dann tatsächlich auch so geschah.
Allgemein wird dann von Posthypnose gesprochen, »wenn durch eine entsprechende Suggestion (posthypnotischer Befehl) nach Beendigung einer Hypnose ein bestimmtes Signal eine bestimmte Verhaltensweise auslöst. ... Es ist keineswegs notwendig, dass der Hypnotiseur das Signal persönlich gibt oder auch nur anwesend ist.« (69)
Der Auslöser kann am »Tag X« dem von der Dritten Macht ausgewählten mandschurischen Kandidaten demnach zum Beispiel auch per Telefon, über eingepflanzte Implantate, ein bestimmtes über die Medien verbreitetes Codewort oder über ein künstlich inszeniertes spek-

takuläres Himmelsschauspiel übermittelt werden. Selbst die »Eingabe« eines konkreten in der Zukunft liegenden Termins ist, wie wir gesehen haben, möglich. »Der hypnotisch induzierte Schlüsselreiz löst einen Automatismus aus. Außerhalb der hypnotischen Phasen kann sich der Betroffene nicht daran erinnern, dass er hypnotisiert wurde und was während der Hypnose geschah.« Wird zusätzlich noch suggeriert, dass niemand sonst die vollständige Erinnerung wieder herstellen kann, weil bestimmte Codeworte zur Einleitung des posthypnotischen Befehls von dritter Seite unlösbar sind, ist das ganze Geschehen auf bestmögliche Weise vor einer Entdeckung geschützt. Man spricht dann auch von einer posthypnotischen Amnesie. Experimente haben gezeigt, dass selbst bei nur einmaliger Übermittlung ein einzelner posthypnotischer Befehl auch nach 20 Jahren nichts von seiner Wirksamkeit verliert und auch die Amnesie erhalten bleibt.

Für den Programmierer des mandschurischen Kandidaten, der unter Hypnose komplexe, langfristig wirksame Verhaltensänderungen zu erreichen beabsichtigt, fällt die Umformung der Persönlichkeit umso leichter, je früher mit der Bewusstseinskontrolle begonnen und je häufiger diese vorgenommen wird. Das frühe Kindesalter ist hierfür der optimale Zeitpunkt. (69) Jetzt wird auch klar, warum so viele der »Schläfer« unter den Entführungsopfern davon berichten, schon als Kind und von da an immer wieder in das beschriebene Szenario eingebunden worden zu sein.

Wie ich weiter oben geschrieben habe, können Drogen die Einleitung und Vertiefung einer Hypnose noch effizienter gestalten. Gerade im Rahmen der UFO-Entführungen scheint mir die Narko-Hypnose ein überaus geeignetes Mittel zu sein, um auch die schwer hypnotisierbaren unter den Entführungsopfern ohne Probleme der bekannten Prozedur zu unterziehen. Der Stoff DMT, dessen Wirkung schnell eintritt, sich aber nach kurzer Zeit auch wieder vollständig verliert, ist für diesen Zweck der wohl am besten geeignete. Ergänzend sei hinzugefügt, dass, bevor Mitte der 50er Jahre des letzten Jahrhunderts die optimalen Anwendungsbedingungen von DMT bekannt wurden, bei den Geheimdiensten starke Halluzinogene wie LSD oder Mescalin zum Einsatz kamen, um bewusstseinsverändernde Wirkungen hervorzubringen. Die Wirkungsdauer dieser beiden Stoffe ist allerdings erheblich länger als die von DMT. (70)

Blicken wir zurück: Wenn unterstellt wird, dass die Dritte Macht sich schon recht frühzeitig und mit hoher Effizienz der Narko-Hypnose bedient hat, um bei den Entführungsopfern falsche Erinnerungen zu erzeugen und mandschurische Kandidaten zu kreieren, sollte zum Ende des 2. Weltkrieges – wie in so vielen anderen Bereichen – auch bei der Anwendung von Hypnose und dem Einsatz von Drogen zur Bewusstseinsveränderung ein hoher Kenntnisstand vorhanden gewesen sein, auf dem in den Folgejahren aufgebaut werden konnte. Lässt sich darüber etwas in Erfahrung bringen?

Der kanadische Psychologe George Hoben Estabrooks versuchte vor und während des 2. Weltkrieges mehrmals vergeblich, die kanadischen und amerikanischen Behörden von seiner Idee zu überzeugen, die Hypnose für geheimdienstliche und militärische Ziele einzusetzen. Auch in der 1945 erschienenen 5. Auflage seines Buches »Hypnotism« lässt er keinen Zweifel daran, dass die militärischen Möglichkeiten der Hypnose gar nicht hoch genug eingeschätzt werden können. Einschränkend bemerkt er: »Bisher erschienen keine Forschungsberichte über die Anwendung im Krieg, wohl aber über ein eng verwandtes Feld, nämlich über die kriminelle Hypnose. Die Deutschen, und sie allein, haben hier ganz ausgezeichnete Arbeit geleistet.« (69) Über die Quellen Estabrooks, die ihn zu dieser Einschätzung veranlasst haben, lässt sich leider nichts weiter in Erfahrung bringen.

Am 25. Juni 1992 hielt der amerikanische Psychologieprofessor und Hypnosespezialist D. Corydon Hammond auf einer Konferenz in Alexandria, Virginia, eine Rede mit dem Titel »Hypnose und Multiple Persönlichkeitsstörung: ritueller Missbrauch«. Diese Rede wurde in Fachkreisen als »Greenbaum-Speech« bekannt und weltweit wissenschaftlich und politisch heiß diskutiert. Nachfolgend werden noch die ungeheuerlichen Implikationen des Vortrages von Prof. Hammond deutlich werden. Vorerst wollen wir uns auf seine Erkenntnisse zum Ursprung dieses Phänomens beschränken.

Hammond hat herausgefunden, »dass die Bewusstseinskontrolle (Mind Control) durch rituellen Missbrauch am Ende des 2. Weltkrieges begann. Allen Dulles und andere Leute aus Geheimdienstkreisen hätten in der Schweiz Kontakte zu Naziwissenschaftlern aufgenommen, die in deutschen Konzentrationslagern an Häftlingen Bewusstseinskontrollexperimente verwirklicht hätten. Diese Nazidoktoren seien

Satanisten gewesen.« (69) Ritueller Missbrauch durch Satanisten in deutschen Konzentrationslagern? Nach meinem Dafürhalten ist Hammond hier einer Fehlinformation aufgesessen oder interpretiert die Fakten falsch. Zumindest sind in diese Richtung zielende Erkenntnisse bisher nirgends sonst bekannt geworden.

Die andere Frage lautet: Gab es solche Naziwissenschaftler tatsächlich? Der bekannteste unter ihnen ist wahrscheinlich Dr. Kurt Plötner. Als SS-Sturmbannführer beteiligte er sich an verschiedenen Versuchen, bei denen Konzentrationslagerhäftlinge zum Einsatz kamen. Im Jahr 1944 übernahm Plötner die Leitung des Instituts für wehrwissenschaftliche Zweckforschung der SS-Organisation Ahnenerbe in Dachau. Dort führte er auch Experimente mit dem Halluzinogen Mescalin an Juden und russischen Kriegsgefangenen durch und beobachtete ihr schizophrenes Verhalten im Zusammenhang mit der Suche der SS nach einem Wahrheitsserum, das als Hilfsmittel bei Verhören eingesetzt werden konnte. (79) Unter Schizophrenie wurde früher das Krankheitsbild bezeichnet, das auf eine gespaltene Persönlichkeit hindeutete. Heute gilt diese einseitige Begriffsauffassung als überholt.

In Dachau fanden demnach Experimente statt, bei denen Menschen eine zweite Identität gegeben wurde – unter Zuhilfenahme halluzinogener Drogen, genauer gesagt des Mescalins, einem der Vorläufer von DMT! Langsam schließt sich der Kreis.

Und wie kam die Dritte Macht zur Nutzung von DMT? Ganz einfach, sie fand den Stoff in großen Mengen unmittelbar vor ihrer Haustür im Einzugsbereich des irdischen Hauptquartiers am Pico Tamacuari und konnte dazu noch auf die jahrhundertelangen Erfahrungen ihrer unmittelbaren Nachbarn mit der Wirkungsweise dieser Substanz zurückgreifen.

»DMT ist in den Pflanzen Lateinamerikas besonders häufig vorhanden. Dort kannten die Menschen seine erstaunlichen Eigenschaften seit langer Zeit.« Es kam zur Anwendung als bewusstseinsveränderndes Schnupfpulver oder wurde als Getränk konsumiert. In dieser Form der Zubereitung ist es unter den Indianern des Amazonasgebietes als Ayahuasca, der Trank der Medizinmänner, bekannt geworden. (70,80) Die Dritte Macht brauchte lediglich auf die Mitte der 50er Jahre von anderen gewonnenen Erkenntnisse zur optimalen Darreichungsform

zurückgreifen und hatte in der Folge ein ausgedehntes Experimentierfeld für weiterführende Forschungen.

Zurück zu Prof. Hammond und der »Greenbaum-Speech«. Die eigentliche Sensation seines Vortrages bestand in der Aufdeckung einer flä-
chendeckenden, die gesamte USA erfassenden Mind-Control-Program-
mierung. Nachdem mehrere seiner Patienten gleichlautende Berichte
über an ihnen praktizierte Methoden der Bewusstseinskontrolle abge-
geben hatten, entschloss sich Prof. Hammond, den Sachverhalt systematisch zu untersuchen. Dazu interviewte er eine größere Zahl von
Psychotherapeuten. »Es stellte sich heraus, dass bestimmte Gehirnwä-
schemethoden anscheinend überall in Nordamerika eingesetzt wurden.
Die Beschreibungen dieser Methoden entsprachen einander bis ins Detail, obwohl Hammond eine Beeinflussung seiner Gesprächspartner
durch sein Vorwissen systematisch zu vermeiden suchte. Mitunter
stimmten die Aussagen von Patienten aus weit voneinander entfernten
Städten über bestimmte Praktiken sogar Wort für Wort überein.« (69)

Prof. Hammond gelangte zu folgender Schlussfolgerung: »Wenn man
dieselben, höchst esoterischen Informationen in verschiedenen Bun-
desstaaten und verschiedenen Ländern, von Florida bis Kalifornien er-
hält, dann beginnt man zu erkennen, dass hier etwas Großes, sorgfältig
Koordiniertes abläuft. Die Vorgänge beruhen offenbar auf entwickel-
ter Kommunikation und Systematik.« (69) Diese Aussage lässt sich in
identischer Form auf das UFO-Entführungsphänomen übertragen.

Hammond ist überzeugt, obwohl weder er noch andere damals im
Jahr 1992 bzw. in den Folgejahren auch nur den geringsten Beweis dafür erbringen konnten, »dass hochrangige Regierungskreise in die Vorgänge involviert seien. Dafür spreche vor allem, dass sehr viele Opfer
Verwandte in der NASA, in der CIA und in militärischen Organisationen hätten. Im militärischen Bereich seien dies zum Teil sehr hochge-
stellte Persönlichkeiten«. (69)

Gerade dieser Umstand steht nach meiner Meinung der Hypothese
Prof. Hammonds über die Urheber der Bewusstseinsprogrammierung
entgegen. Wer würde seine Familienangehörigen bei aller Loyalität zu
seinem Land derart verbrecherischen Prozeduren aussetzen? Einige
Wenige vielleicht, aber in dem von Hammond beschriebenen Ausmaß
ist das wohl undenkbar.

Eher will mir scheinen, als wäre der Psychologe Hammond mit anderen Methoden auf die verborgene Existenz desselben Phänomens gestoßen, das unter dem Begriff UFO-Entführungen bekannt geworden ist. In diesem Zusammenhang interessant ist auch das zeitliche Zusammenfallen des 1992 von Prof. Hammond gehaltenen Referats und der 1991 veröffentlichten Roper-Studie, wonach zum damaligen Zeitpunkt schon mehr als 1 Million Amerikaner Opfer der UFO-Entführungen gewesen sind.

Dass die Verwandten hochrangiger Vertreter aus Regierung, Militär und den Geheimdiensten – und letztendlich diese vielleicht selbst – bevorzugte Opfer der Bewusstseinsprogrammierer sind, sollte uns mehr als nachdenklich stimmen. Aus diesen Kreisen mandschurische Kandidaten zu gewinnen, bedeutet für die Dritte Macht nichts anderes, als am »Tag X« selbst die Schalthebel in den Kommandozentralen der anderen Großmächte in die Hände zu nehmen. Der Übernahme des Planeten steht dann auch von dieser Seite nichts mehr entgegen.

Kommen wir zum Ende dieses Kapitels nunmehr zum fünften Bestandteil der von mir so bezeichneten Kernbotschaft. Diese steht nicht wie die anderen vier im direkten Zusammenhang mit dem UFO-Entführungsphänomen, sondern umfasst eine andere Gruppe von Augenzeugen – die der so genannten Kontaktler.

In »Die Zukunft hat längst begonnen« hatte ich dieser Art von Nahbegegnungen eine eigene zeitliche Phase zugeordnet, angefangen mit dem Auftauchen der UFOs über dem amerikanischen Kontinent im Jahr 1947 und endend spätestens mit dem Hill-Fall, der eine neue Phase des Direktkontakts einleitete. So dachte ich zumindest bei der Abfassung meines ersten Buches, fälschlicherweise muss ich heute sagen. (1) Ich hatte ganz übersehen, dass auch später noch die für die frühen Jahre typischen Kontaktaufnahmen der UFO-Besatzungen zu von ihnen ausgewählten Personen stattfanden und das zudem mit einer viel größeren Breitenwirkung als in den 50er Jahren. Gerade dieser massenwirksame Einfluss scheint als neues Element in erster Linie beabsichtigt gewesen zu sein. Einerseits »übernahmen« die UFO-Besatzungen schon bestehende Strukturen, vorzugsweise im Bereich der Kult-Sekten, wie zum Beispiel den »Order Of Melchizedek« und den »Ancient Mystical Order Rosae Crucis« (AMORC), zum anderen schufen sie auch neue Organisationen, wie im Jahr 1973 die RAEL-Bewegung, die heute weltweit schon mehr als 40.000 Mitglieder zählt.

Im Zuge dieser Entwicklung blieben einige Konstanten aus der Zeit der frühen Kontaktler erhalten. So wurde im Unterschied zu den UFO-Entführungen über keinerlei negative Erfahrungen mit den »Raumbrüdern« berichtet. Die Übermittlung von Informationen erfolgte mit voller Absicht und war damit nicht das Ergebnis einer eher zufälligen Kommunikation. Die Ziele der vermeintlichen Außerirdischen wurden klar offen gelegt: Hilfe und Unterstützung für die vom selbstverschuldeten Untergang bedrohte Menschheit. Die in diesem Zusammenhang anklingenden ideologischen Grundströmungen hatten sich auch nur unwesentlich geändert, waren gleichsam einem Modernisierungsprozess unterzogen worden. Auch das geschilderte Äußere der UFO-Insassen entsprach ganz dem der 50er Jahre: Die »Außerirdischen« glichen vollkommen den Menschen und waren bis auf wenige Ausnahmen blond und blauäugig. (81,82) In diesem kennzeichnenden Merkmal unterschieden sie sich nicht von ihren Verwandten (im wahrsten Sinne des Wortes), den Urhebern des UFO-Entführungsphänomens. (1)

Wenden wir uns jetzt der versuchten ideologischen Ausrichtung der modernen Kontaktler-Bewegungen zu. Der bekannte UFO-Forscher Jacques Vallee hat über mehrere Jahre einige dieser Gruppierungen studiert. Dabei wurden von ihm folgende gemeinsame Grundzüge herausgearbeitet:

- eine rassistische Philosophie, die auf der angeblichen Überlegenheit der von den UFO-Besatzungen Auserwählten gründet
- die Beseitigung der Nationalstaaten und das unverhohlene Bekenntnis zu einem die ganze Welt umfassenden Imperium
- die Ablehnung der Demokratie zugunsten einer totalitären Herrschaft
- ein soziales Utopia, in dem das bisher dominierende Finanzsystem eliminiert werden soll
- irrationale Motivationen basierend auf dem Glauben an eine baldige »außerirdische« Intervention. (82)

Im letzten Punkt treffen die Aussagen der Kontaktler wieder mit denen der UFO-Entführungsopfer zusammen.

Unter Bezugnahme auf dieses einheitliche, den verschiedenen Kontaktlern vermittelte Weltbild, entwickelte Vallee die Theorie von den »Ma-

129

nipulatoren«, die sich hinter dem UFO-Phänomen verbergen. Deren Absicht bestehe darin, ausgewählte Sichtweisen über massenwirksame Kontaktler-Bewegungen im Unterbewusstsein der Menschen festzuschreiben, um auf diese Weise die eigenen Ziele besser verwirklichen zu können.

Der Soziologe David Swift bewertete Vallees Theorie wie folgt: »Gegenwärtig sind die Kontaktler-Gruppierungen klein und üben keinen nachhaltigen Effekt auf die Gesellschaft aus ... Aber wird das immer so bleiben? Unter welchen Umständen könnten sich diese Kulte zu sozialen Bewegungen entwickeln, die eine reale Herausforderung für unsere Gesellschaft darstellen? Solche Strömungen gewinnen dann an Bedeutung, wenn sich viele Menschen angesichts der herrschenden Bedingungen frustriert fühlen und sich durch eine aktive Teilnahme eine Verbesserung ihrer Lage versprechen.« (82) Damit könnten sich – so meine Ergänzung – die von den Kontaktlern gegründeten Organisationen genauso wie die »Schläfer« unter den Entführungsopfern am »Tag X« zu einer Speerspitze gegen das bis dahin dominierende politische System entwickeln.

Jacques Vallee konnte am Ende auch eines nicht verleugnen: Die »Manipulatoren« sind keine Außerirdischen, sondern hinter ihnen versteckt sich eine menschliche Intelligenz. Angesichts der fortschreitenden Konditionierung des öffentlichen Bewusstseins kommt er zu dem Schluss: »Wir haben es hier mit einem sehr gefährlichen Prozess zu tun.« (82)

Somit operieren die modernen Kontaktler auf ein- und derselben Ebene wie die Schöpfer der Agroglyphen und auch wie diejenigen, welche für das Phänomen der Viehverstümmelungen verantwortlich zeichnen. Die direkte Einflussnahme auf die Entwicklung des öffentlichen Bewusstseins, mit Vallee kann man auch sagen, dessen Manipulation steht im Mittelpunkt aller dieser Aktivitäten. Derartige Bestrebungen sowie auch der direkte Vergleich zwischen den UFO-Entführungen und dem Kontaktler-Phänomen deuten darauf hin, dass die Dritte Macht mit einer Überkreuzstrategie sich spätestens am »Tag X« tangierender taktischer Maßnahmen versucht, ihre Ziele zu erreichen.

An einem besonders markanten Beispiel wollen wir das Gesagte noch einmal Revue passieren lassen. Raymond Bernard war zu seinen Lebzeiten über viele Jahre der Vorsitzende der Europa-Sektion des »Ancient and Mystical Order Rosae Crucis«, kurz AMORC genannt. Nach eigenen Aussagen wurde er im Jahr 1967 von einem »überlegenen Wesen«, das sich selbst Maha nannte, kontaktiert. Das Auffälligste an Maha waren seine ungewöhnlichen Augen, und Bernard hatte das Gefühl, als würde nur durch diese Augen eine Kommunikation stattfinden. Das erste Zusammentreffen ereignete sich in einem Hotel in Amsterdam. Der intensive Blick Mahas bewirkte, dass Raymond Bernard bald nichts anderes mehr wahrzunehmen in der Lage war. Er hatte völlig die Kontrolle über sich verloren.

In diesem offensichtlich hypnotischen Zustand teilte ihm Maha den Zweck seiner Anwesenheit mit. Er sagte, dass er als Mitglied des »Hohen Rates« zu ihm sprechen würde. Dieses Gremium wäre verantwortlich für den gesamten Planeten. Das Wissen, um ihrer hohen Verantwortung gerecht werden zu können, hätten sie aus einer anderen Galaxis erhalten. Ein neuer Zyklus der Entwicklung würde soeben eingeleitet werden. Bernard sei ausersehen, die Botschaft des »Hohen Rates« zu verbreiten. Eine Umwertung der Werte müsse stattfinden, besonders der völlig überschätzte Wert des Geldes wäre zu revidieren, gefolgt von einem neuen Verständnis sozialer Güter und der Abschaffung des Nationalismus.

Einige Zeit später erhielt Raymond Bernard in Wien von einer anderen Persönlichkeit, die sich als einer der »kosmischen Meister, der Regulatoren der menschlichen Evolution« ausgab, in Trance eine Reihe posthypnotischer Suggestionen. Bernand erinnerte sich noch daran, wie ein zweisilbiges Schlüsselwort, das ihm jedoch partout nicht einfallen wollte, als Auslöser für die Hypnose funktioniert hatte. Der »Meister« klärte ihn darüber auf, dass mit Hilfe dieses Wortes ein jeder Mensch mit allen anderen verkettet wäre. (82)

Kommt einem das alles nicht bekannt vor? Gegenüber den Kontaktlern kommen dieselben Methoden der Bewusstseinskontrolle zur Anwendung wie gegenüber den UFO-Entführungsopfern! Sie teilen mit den »Schläfern« ein gemeinsames Schicksal: Am »Tag X« wird ein alle verbindendes Schlüsselwort sie zur »großen Aktion« aufrufen.

Manche Leser werden sich jetzt schon gefragt haben, wo denn der versprochene Hinweis auf den fünften Bestandteil der von mir so bezeichneten Kernbotschaft abgeblieben ist. Jetzt endlich komme ich dazu, ihn zu präsentieren. Die einleitenden ausführlichen Anmerkungen zum Träger dieser Nachricht, den Kontaktlern, waren notwendig, um die augenscheinliche Bedeutung dieser Gruppierungen im Übernahmeszenario herauszustreichen.

Bleiben wir bei den Erlebnissen Raymond Bernards. Auf seine Frage an den »Meister« nach dem Ziel des eingeleiteten Prozesses, erhielt er zur Antwort: »Wir warten auf das Kommen des Königreichs vom Gral, wenn die Ritter der Erde auf die himmlischen Ritter des Makrokosmos treffen.« Oder mit anderen Worten ausgedrückt, wenn die UFOs am Tag der Entscheidung auf der Erde landen und der irdische wieder mit dem kosmischen Aspekt der Dritten Macht auf alle Zeit vereint sein wird. Sie, die »Meister«, wären die Wächter einer uralten Tradition, die sich auf die Bewohner von Atlantis zurückführen lasse. Die reine Rasse dieser Atlantiden hätte über Jahrtausende auf der Erde überlebt. Wo genau, bekam Bernard nicht mitgeteilt. (82)

Immer wieder, fasste Jacques Vallee diesbezüglich seine Erkenntnisse zu den Kontaktlern zusammen, erklärten diese, sie stünden in der Tradition von Atlantis, was doch recht ungewöhnlich sei für »Weltraumbrüder«, die aus fernen Galaxien kommen wollen. In den Augen Vallees ist dies ein Indiz mehr für die irdische Herkunft der UFO-Besatzungen. (82)

Das ist er, der fünfte Bestandteil der Kernbotschaft: Die Dritte Macht sieht sich in der Nachfolge des Großreiches von Atlantis. Sie versteht sich als Bewahrer der Tradition und als Beschützer der wenigen heute noch Überlebenden. Mit ihrer Machtübernahme wird das mythische Königreich vom Gral wieder errichtet werden.

Neue Leser werden jetzt vielfach ungläubig den Kopf schütteln. Denen kann ich nur nachdrücklich die Lektüre des Buches »Götterwagen und Flugscheiben« ans Herz legen. (2) Co-Autor Mathias Kappel hat dort in einer wahrhaft großartigen Zusammenschau nachgewiesen, dass es sich bei dem Atlantis, wie wir es aus der Überlieferung Platons kennen, um ein gewaltiges Reich der nordischen Bronzezeit gehandelt hat, hervorgegangen aus der Megalithkultur. Als Folge einer furchtbaren Naturkatastrophe vor ca. 3.200 Jahren wurden große Teile dieses Nordreiches zerstört. Die Bevölkerung war zur Auswanderung gezwungen und verteilte sich als Kulturbringer über die ganze Welt. Die Neuankömmlinge erhielten nahezu überall den Status von Gottheiten, geschuldet vor allem ihrer Fähigkeit, sich mit einfachsten Fluggeräten in die Luft erheben zu können. Aufgrund verschiedener Widrigkeiten scheint ein Überleben nur noch an einer Stelle unseres Planeten möglich gewesen zu sein. Es ist kein Zufall, dass dieser Ort deckungsgleich ist mit dem Hauptquartier der Dritten Macht. Am Ende dieses Buches wird ein neu aufgetauchtes Indiz vorgestellt werden, das diese Ansicht zusätzlich bekräftigt.

Passend zur Erkenntnis von der fünften Kernbotschaft wiederhole ich noch einmal, worauf ich schon am Ende des Abschnittes über die Agroglyphen hingewiesen hatte, dass die geografische Lage der Mehrheit dieser »Zeichen im Korn« keineswegs zufällig ist. Auch sie ergibt sich aus dem Traditionsverständnis der Dritten Macht. Die Landschaft mit der größten Dichte an die Zeit des nordischen Imperiums erinnernder Monumente wurde ganz bewusst ausgewählt. Damit hat sich die Beweiskette geschlossen.

7.
VERZÖGERTE ENTSCHEIDUNG

Verweilen wir noch etwas bei den Bemühungen von Jacques Vallee, Licht ins Dunkel des UFO-Phänomens zu bringen. Vallee, ein Spitzenwissenschaftler und heute sozusagen im Nebenberuf der wohl dienstälteste noch aktive UFO-Forscher, gelang es Mitte der 70er Jahre des letzten Jahrhunderts in Kontakt mit einem hochrangigen Vertreter der US-Geheimdienste zu treten, der zum damaligen Zeitpunkt allerdings schon seine wohlverdiente Pension genoss. Er nannte diesen Mann in seinen Veröffentlichungen Major Murphy, ließ jedoch keinen Zweifel daran, dass es sich dabei um ein Pseudonym handelte, versehen mit dem Hinweis, dass der Betreffende in der Zeit seines aktiven Dienstes einen bedeutend höheren militärischen Rang eingenommen hatte. Major Murphy verdiente sich seine Sporen beim Geheimdienst im 2. Weltkrieg auf dem italienischen Kriegsschauplatz und auch in der Karibik, wo er eine Organisation auf die Beine stellte, die beim Abfangen deutscher U-Boote und Spionagetrupps behilflich sein sollte. Später war er unter anderem in Regierungsprogramme zur Erforschung parapsychologischer Phänomene involviert.

Major Murphy gehört nicht zu denen, die die Ansicht teilen, dass die UFOs von außerhalb unserer Erde stammen. Zu dieser Auffassung war er von Berufs wegen gelangt, und er berichtete Jacques Vallee freimütig darüber:»Im Jahr 1943 hatten uns Informationen erreicht, wonach in mehreren Ländern an kreisförmigen Fluggeräten gearbeitet wurde, in der Hoffnung, diese später gegen uns als Geheimwaffe einsetzen zu können. Die Deutschen betrieben darüber hinaus Forschungen bezüglich der Anwendung elektrischer Ströme zur Erzeugung ›kontrollierter Leuchteffekte‹ und versuchten letztendlich, alle diese Dinge miteinander zu kombinieren. Als wir in Deutschland eindrangen, fiel eine Menge technischer Hardware in unsere Hände, den weitaus größten Anteil sicherten sich jedoch die Russen. Im Jahr 1946 tauchten dann die modernen UFOs über Schweden auf.« (82)

Ein Vierteljahrhundert bevor erstmals Details über das Projekt »Die Glocke« veröffentlicht wurden, gab Major Murphy Details seines Wissens über die in diese Richtung zielenden deutschen Aktivitäten preis, die unmissverständlicher nicht sein können. Wie hatte ich in »Die Zukunft hat längst begonnen« geschrieben:»Ein magnetisch geschlossenes System kann auch erreicht werden, wenn unter bestimmten Bedingungen ein durch elektrischen Strom erzeugtes Plasma (ionisiertes

Gas) einen Plasmawirbel ausprägt. Einher geht die Bildung dieser so genannten Plasmoide mit der Erzeugung von Magnetfeldern sowie charakteristischen Leuchterscheinungen durch die Emission einer ionisierenden Strahlung. Aus diesem Grund wurden die Plasmoide auch als ›Feuerbälle‹ bezeichnet. Beide Effekte konnten im Zusammenhang mit dem Projekt ›Die Glocke‹ beobachtet werden.«(1)

Damit erfährt nicht nur die Existenz von »Die Glocke« durch Major Murphy eine indirekte Bestätigung, sondern auch die Herkunft der zum Ende des 2. Weltkrieges aufgetauchten »Feuerbälle«, der von den alliierten Flugzeugbesatzungen so bezeichneten »foo-fighter«, wird auf diese Weise unstrittig. Außerdem liegt der direkte Zusammenhang mit den ersten Nachkriegs-UFOs, wie sie über dem schwedischen Luftraum gesichtet wurden, ganz auf der Linie der von mir in meinem ersten Buch präsentierten Beweisführung.

Das alles wusste Jacques Vallee freilich zum Zeitpunkt seiner Unterhaltung mit Major Murphy noch nicht. So kann seine Überraschung auch nicht verwundern: »Was erwähnt er in diesem Zusammenhang die Deutschen und ihre Geheimwaffen? Die Annahme ist doch absurd, dass diese Gerätschaften eine Erklärung für die UFOs abgeben könnten.« An diesem Punkt des Gespräches verweigert Major Murphy offensichtlich eine weitergehende Aufklärung, verweist lediglich darauf, dass General James Doolittle »under cover«, getarnt als Mitarbeiter der Shell Corporation, 1946 nach Schweden gereist sei, um herauszufinden, was sich hinter den damals »Geisterraketen« genannten UFOs verbirgt. Seine darüber gewonnenen Erkenntnisse wären allerdings niemals freigegeben worden. Irgendjemand hätte wohl die zum Ende des Krieges entwickelten neuartigen Fluggeräte 1946 über Schweden und 1947 dann über den Vereinigten Staaten getestet. Die Frage wäre berechtigt, ob nicht seitdem das ganze Phänomen unter der Kontrolle dieser Gruppe stünde. Nachdem Vallee immer noch zweifelt, gibt ihm Major Murphy noch einen letzten Hinweis: »Ich kann Ihnen nur sagen, dass nahezu geräuschlose, diskusförmige Fluggeräte hergestellt werden können. Entsprechend ausgerüstet sind sie in der Lage, erstaunliche Effekte hervorzurufen und kommen als Ursache für die beobachteten fliegenden Untertassen in Frage. Ich wünschte, ich hätte noch meine Unterlagen zu den Experimenten der Deutschen.« Alles, was Major Murphy darüber hinausgehend Vallee berichtet, dient anscheinend nur noch der Verschleierung. Er hatte sich ihm gegenüber wohl schon zu weit aus dem Fenster gelehnt. (82)

Ein zusätzlicher Aspekt des Gespräches zwischen Jacques Vallee und Major Murphy verdient allerdings noch unsere Aufmerksamkeit, leitet er doch zum eigentlichen Thema dieses Kapitels über.
Im Zweifel darüber, ob tatsächlich das gesamte UFO-Phänomen ursächlich nur einer einzigen, sich zum Ende des 2. Weltkrieges konstituierenden Gruppe zuzuschreiben sei, verweist Vallee auf die umfangreichen Berichte über historische UFOs, die zu erforschen ihm schon immer ein besonderes Anliegen gewesen ist. Murphy antwortet: »Ohne Zweifel, es besteht die Möglichkeit, dass diese Gruppe das gesamte Puzzle verstanden hat ... Sie müssen die Konsequenzen daraus ziehen. Irgendwer hat das Problem gelöst. Vielleicht existiert eine elegante Lösung für multidimensionale Reisen und konnte in die Praxis umgesetzt werden. Ich bin kein Physiker. Sie sollten Ihre Freunde unter den Theoretikern fragen.« (82)
Worauf Major Murphy in diesem Zusammenhang augenscheinlich anspielt, ist die Möglichkeit – mit welcher Methode auch immer –, Einfluss auf die Vergangenheit zu nehmen, d.h. unbekannte Flugobjekte in zurückliegende Epochen der menschlichen Geschichte zu projizieren, wo ihr Erscheinen die öffentliche Aufmerksamkeit erregt und einen Niederschlag in entsprechenden Berichten gefunden hat.

Wir müssen an dieser Stelle auf der Hut sein. In seinem Buch »Passport to Magonia«, das sich der Frage der UFOs in der weiter zurückliegenden Vergangenheit widmet, vermischt Vallee alle nur erdenklichen, aus seiner Sicht ungeklärten Beobachtungen ungewöhnlicher Himmelserscheinungen, wie sie von den Berichterstattern überliefert wurden. (83) So trennt er nicht die Berichte über die Ballonflieger der nordischen Bronzezeit, wie sie mein Autorenkollege Mathias Kappel in unserem Gemeinschaftswerk »Götterwagen und Flugscheiben« einer interessierten Öffentlichkeit vorgestellt hat, von einer Vielzahl anderer bisher tatsächlich völlig rätselhafter Himmelschauspiele, berücksichtigt in zu geringem Maße den möglichen natürlichen Ursprung einiger seltsamer Vorgänge am Firmament und versucht letztendlich sogar eine Verbindung zu den neuzeitlichen UFOs herzustellen. Gerade über die letzteren mit ihrer ganz speziellen Formgebung und ihren klar definierten Eigenschaften wurde vor dem Jahr 1944 nirgendwo berichtet, und sie haben, wie ich in meinem ersten Buch den Nachweis führen konnte, erst in den Jahrzehnten seit dem Ende des 2. Weltkrieges eine kontinuierliche Entwicklung durchlaufen. (1)

Wie schon angedeutet, bleiben unterm Strich selbst bei sorgfältigster Analyse verschiedener möglicher Ursachen einige Sichtungen übrig, über deren Herkunft wir uns bisher keine Rechenschaft abgeben können. Aber dazu später mehr.

Zuvor soll geklärt werden, ob eine Einwirkung der Zukunft auf die Vergangenheit im Rahmen unseres wissenschaftlichen Weltbildes überhaupt eine Möglichkeit darstellt, die ins Kalkül gezogen zu werden verdient.

Der für seine unkonventionellen Ansichten bekannte Physiker und Astronom Professor Fred Hoyle, dem 1972 für seine Arbeiten in Großbritannien der Adelstitel verliehen worden ist, brachte es auf den Punkt: »Als nächstes müssen wir nun herauszufinden trachten, woher die verschlüsselten Informationsketten (für die Beeinflussung von Quantenereignissen, der Autor) kommen könnten; dazu muss ich erneut einen wesentlichen Punkt des physikalischen Weltverständnisses in Frage stellen, nämlich unsere Vorstellung von der Zeit. Die ›Gesetze‹, welche die Ausbreitung der Strahlung (sichtbares Licht, Ultraviolettstrahlung, Radiostrahlung und so weiter) beschreiben, wurden im vergangenen Jahrhundert von dem schottischen Physiker James Clerk Maxwell entdeckt. Obwohl wir diese ›Maxwellschen Gleichungen‹ also schon recht lange kennen, werfen sie im Zusammenhang mit der Quantentheorie noch immer Probleme auf. … Weil in jedem dieser Spezialfälle nur die Strahlung interessant ist, die sich im üblichen Zeitsinne vorwärts, also aus der Vergangenheit in die Zukunft, ausbreitet, wird zumeist übersehen, dass es daneben eine andere Gruppe von Lösungen gibt, bei denen sich die Strahlung in umgekehrter Zeitrichtung ausbreitet, von der Zukunft in die Vergangenheit. Die Maxwellschen Gleichungen für sich genommen erkennen beide Lösungsmöglichkeiten an. Lediglich unsere ›Gewohnheit‹ verleitet uns dazu, diesen zweiten Lösungsansatz in den Papierkorb zu werfen, ohne dass wir uns dessen so richtig bewusst werden. All unsere Erfahrungen zeigen uns jedoch, dass die Natur sehr knauserig ist und keine Möglichkeit auslässt, die sich ihr bietet. Sollte sie im Zusammenhang mit der möglichen Zeitumkehr da eine Ausnahme machen, die einzige Ausnahme vielleicht? Ich bin schon seit Langem davon überzeugt, dass diese Frage mit einem Nein beantwortet werden muss, und ich habe schon ebenso lange darüber nachgedacht, welche Konsequenzen dies hätte.« (84)

Das Stichwort Quantentheorie ist gefallen. Haben Sie sich, liebe Leser, schon einmal näher mit der Quantentheorie beschäftigt? Wenn ja, dann wird Ihnen als erstes aufgefallen sein, dass eine Vielzahl möglicher Auslegungen im Rahmen dieser Theorie existiert. Egal, um welchen Seitenzweig es sich handelt, von der Quantenmechanik bis hin zur rein hypothetischen Quantengravitation – von einer einheitlichen Linie kann unter den Quantenphysikern nicht die Rede sein. Für den Außenstehenden mutet das Ganze eher wie ein Verwirrspiel an, bei dem sich eine Gruppe auf Kosten einer anderen zu profilieren versucht. Schließlich geht es im Grunde um finanzielle Zuwendungen für die eigenen Forschungen und um hochdotierte Preise, in der Spitze um den Nobelpreis.

Aber lassen wir die reinen Theoretiker bei Seite, sollen sie weiter fabulieren und ihre unbeweisbaren Behauptungen aufstellen. Die vermeintliche Existenz von Paralleluniversen bzw. die eingerollten Dimensionen der Stringtheorie sind hier als besonders bizarre Auswüchse zu nennen. Konzentrieren wir uns vielmehr auf die Grundlage jeder soliden Naturwissenschaft, das nachvollziehbare Experiment.

Das Experiment, welches in bemerkenswerter Weise die theoretischen Überlegungen von Sir Fred Hoyle zu bestätigen vermag und damit unsere bisherige Weltsicht, nach der sich prinzipiell Vorgänge nur aus der Vergangenheit in die Zukunft auswirken können, grundlegend erweitert, nennt sich *Verzögerte Quantenwahl* oder auch *VERZÖGERTE ENTSCHEIDUNG*.

Ausgedacht hat sich dieses Experiment der wohl berühmteste amerikanische Physiker der Nachkriegszeit, John Archibald Wheeler. Wheeler tüftelte eine Erweiterung der Young'schen Versuchsanordnung aus. Der englische Physiker Thomas Young hatte das so genannte Doppelspaltexperiment erstmals im Jahr 1802 durchgeführt. Da der Versuchsaufbau und die theoretischen Folgerungen gemeinhin Bestandteil des Faches Physik in der Gymnasialstufe bzw. über entsprechende Einträge im Internet leicht nachzuvollziehen sind, möchte ich mir eine detaillierte Beschreibung an dieser Stelle ersparen. Nur soviel als Zusammenfassung: Durch das Experiment mit »den zwei Schlitzen« und die später von den Quantenphysikern erdachten Modifikationen konnte der Nachweis dafür erbracht werden, dass das Licht – wir würden heute von einem Quantengebilde, dem Photon sprechen – sowohl als Teilchen wie auch als Welle beschrieben werden kann. Die Entscheidung, welchen Charakter das Photon tatsächlich annimmt, wird durch die vom Experimentator festgelegte Versuchsdurchführung bestimmt. Damit wurde die ausschlaggebende Rolle des Beobachters für Ereignisse in der Quantenwelt deutlich. Was blieb, war die für lange Zeit ungelöste Frage: Wann genau »entscheidet« sich die Natur für den Wellen- oder den Teilchencharakter? Wenn der Experimentator also dafür maßgebend ist, welchen Aspekt das Licht annehmen kann, dann – so Wheelers Überlegung – müsste es doch möglich sein, diese Auswahl erst zu einem Zeitpunkt zu treffen, da das Photon den Schlitz bzw. die Schlitze in der experimentellen Anordnung schon durchflogen hat. Wie kann ein Photon jedoch vor der Messung wissen, wie es sich vor dem Durchfliegen der Schlitze hat verhalten müssen?

Aufgrund der erforderlichen überaus komplizierten Apparatur für die Durchführung dieses Experiments gelang es erst Jahre später, Wheelers Gedanken in die Praxis umzusetzen. Mehrere unabhängig voneinander agierende Wissenschaftlerteams konnten den Nachweis dafür erbringen, dass das Verhalten eines Photons von der Wahl der Beobachtungsart abhängt, auch wenn diese Wahl erst in der Zukunft getroffen wird. (85,86)

Der Physiker und Sachbuchautor Paul Davies gelangt zu folgender Einschätzung: »Wie kann man die Ergebnisse dieses Experiments interpretieren? Es bestätigt nicht, dass man Signale in die Vergangenheit schicken kann. … Am besten kann man das Experiment erklären, wenn man von dem Photon annimmt, dass es gewissermaßen etwas weniger real ist, wenn es nicht beobachtet wird. Ich möchte nicht den Eindruck erwecken, dass das Photon früher nicht existiert hat, der Punkt ist vielmehr, dass sein Zustand (Welle oder Teilchen, oder auch ein wenig von beidem) nicht definiert ist, wenn es weder beobachtet noch vermessen wird. Die Zuordnung zu Welle oder Teilchen erfolgt erst im Kontext eines realen Experiments. Das Verrückte an unserem Experiment mit verzögerter Entscheidung ist, dass die gegenwärtige Entscheidung des Experimentators die Teilchen- oder die Wellennatur festlegt und dass die durchgeführte Beobachtung oder Messung für die Vergangenheit entscheidende Folgen hat – möglicherweise sogar für die ganz ferne Vergangenheit. Die heutige Laune des Experimentators trägt dazu bei, die möglicherweise vor sehr langer Zeit vorhanden gewesene Realität (Welle oder Teilchen) zu gestalten.« (85)

Die Konsequenzen des Experimentes mit verzögerter Entscheidung sind enorm, weil nicht wegzudiskutieren, wie so viele andere Interpretationen der Quantentheorie, die sich nicht auf eine praktische Versuchsdurchführung stützen können. Dass Paul Davies bei seiner Einschätzung oft auf den Konjunktiv zurückgreifen muss, wenn er versucht, die Implikationen des Experiments seinen Lesern nahezubringen, ist lediglich einer Tatsache geschuldet – die Art der geschilderten Kommunikation zwischen dem menschlichen Bewusstsein und dem umgebenden Universum ist bisher noch völlig unbekannt. Darin verhält es sich nicht anders wie bei dem von mir so oft angeführten Remote Viewing. Nicht zu deuten ist für uns gegenwärtig auch die Nichtörtlichkeit und die Nichtzeitlichkeit des anscheinend holografisch strukturierten Kosmos, was wiederum nichts anderes bedeutet, als dass Vergangenheit, Gegenwart und Zukunft nur Einbildungen des menschlichen Geistes sind. (38) Mit welchen Schlussfolgerungen für das hier vorgestellte Experiment mit verzögerter Entscheidung?

Geben wir es ruhig zu: Wir wissen so vieles noch nicht! Wir scheinen aufgrund der durch die Evolution über uns verhängten Anpassungsprozesse geradezu verdammt zu sein, vieles nicht erkennen zu … können. Darüber nun den Kopf hängen zu lassen, führt auch nicht weiter. Von daher sollten wir uns daran festhalten, was unumstößlich nachgewiesen ist. Dazu gehört auch der für viele sicherlich überraschende Umstand, dass die Zukunft durchaus über die Vergangenheit bestimmen kann.

Bevor ich darauf zurückkomme, was diese Möglichkeit hinsichtlich der ungewöhnlichen Himmelserscheinungen unserer Vergangenheit zu bedeuten hat und welche Konsequenzen daraus für die Dritte Macht zu ziehen sind, möchte ich den Rahmen noch etwas weiter spannen.

Bleiben wir noch etwas bei John Archibald Wheeler. Dieser ließ sich vom Experiment mit verzögerter Entscheidung zu einem gänzlich neuen

Weltbild inspirieren, in dem er »den ›Beobachtern‹ einen Teil der Aufgabe zuweist, die physikalische Realität zu gestalten und sie damit von reinen Zuschauern zu Partizipatoren oder Beteiligten aufwertet«. Er nimmt davon selbst die ferne Vergangenheit nicht aus, als Beobachter noch gar nicht vorhanden waren. Mit einer Gleichsetzung von Schöpfergott und die Wirklichkeit schaffenden »Beobachtern« hat Wheelers Modell nichts zu tun. »Das ist in der Tat eine radikale Idee, da sie Leben und Geist eine Art kreative Rolle in der Physik zuschreibt und sie zum unverzichtbaren Teil der gesamten kosmischen Geschichte macht. … Wheeler lehnt also das Bild ab, nach dem das Universum eine Maschine ist, die nach vorgegebenen Gesetzen funktioniert, und ersetzt es durch das Bild einer Welt, die sich selbst herstellt und die er ›partizipatorisches Universum‹ nennt.« (85)

Ich möchte nicht soweit gehen und nun gleich die von Wheeler postulierte Superintelligenz einer fernen Zukunft auf diese Weise mit der Erschaffung des gesamten Universums betraut sehen. Dafür scheint mir die Urknalltheorie, die einen Anfang allen Werdens voraussetzt und auf die auch Wheeler sich stützt, zu den bestwiderlegten Dingen überhaupt zu gehören. Fest steht, dass alle zur Begründung dieser Theorie herangezogenen »Beweise« auch eine Deutung jenseits dieser ursprünglich mit einer theologischen Hinterabsicht konzipierten Sichtweise zulassen. Das betrifft zum Beispiel auch die Entstehungsursache für die kosmische Hintergrundstrahlung, die oftmals als der ultimative Beweis für den Urknall angeführt wird, wie auch die Existenz abweichender Interpretationen zur so genannten »Rotverschiebung«. In der Zwischenzeit kursieren im Internet, das Thema zusammenfassend, von Topwissenschaftlern verfasste Fachartikel unter Titeln wie »The Top 30 Problems with the Big Bang«. (87)

Viel entscheidender ist für mich jedoch die Tatsache, dass die Urknalltheorie auf einer wachsenden Anzahl von hypothetischen Dingen basiert, die man nie beobachtet hat, ohne die sie aber nicht aus ihren über die Jahre wachsenden Schwierigkeiten herausgekommen wäre. Um die wichtigsten zu nennen: die kosmische Inflation, die Konstrukte dunkle Materie und dunkle Energie. (88) Wer sich hier weiterbilden möchte, sei verwiesen auf die entsprechende Fachliteratur. (89,90,91)

Viel eher möchte ich mich der Meinung Sir Fred Hoyles anschließen, dass eine Superintelligenz sehr wohl in der Lage sein kann – wenn auch nicht von einem rein hypothetischen Beginn, so doch ab einem bestimmten Zeitpunkt, das Universum rückwirkend zu manipulieren, um die Entstehungsbedingungen für die eigene Existenz partizipatorisch zu gestalten. (84) Das heißt nun wiederum nicht, dass ich Hoyle in allen Punkten recht gebe. So bin ich auch kein Anhänger seiner Quasi-Steady-State-Kosmologie, einer Alternative zum Urknallmodell. Vielmehr gilt, was ich weiter oben geschrieben habe: Wir wissen so vieles noch nicht und sollten der Wirklichkeit mit unseren theoretischen, besser gesagt spekulativen Spitzfindigkeiten nicht Gewalt antun, nur um ein scheinbar in sich stimmiges, abgeschlossenes (!) Weltbild zu erhalten.

Noch einmal: Ich behaupte in Übereinstimmung mit Wheeler und Hoyle, dass eine Superintelligenz der Zukunft analog zu den Ergebnissen des Experiments mit verzögerter Entscheidung über quantenphysikalisch generierte Informationsketten Einfluss auf unsere Vergangenheit und Gegenwart nehmen kann.

Völlig unabhängig von jeder Theorie spricht dafür auch die Praxis, d.h. die gültigen Naturgesetze, die in ihrer gegenwärtigen Ausprägung die Entstehung des kohlenstoffbasierten Lebens auf eine geradezu unglaubliche Weise begünstigt haben. Man spricht in diesem Zusammenhang auch vom starken anthropischen Prinzip, d.h. die Existenzbedingungen des Universums sind über einen bestimmten Zeitraum genau so beschaffen, dass »Beobachter«, wie wir sie kennen, auftauchen müssen.

Hierfür einige Beispiele:

–   die durch Quantenwellen (!) angeregte Kernresonanz beim Kohlenstoff liegt gerade bei jener Energie, die es den Sternen erlaubt, über den so genannten dreifachen Heliumprozess »gegen alle zunächst sichtbaren Wahrscheinlichkeiten« ausreichend Energie zu erzeugen, um jenseits des Heliums alle anderen Elemente des Periodensystems entstehen zu lassen; wäre in diesem Zusammenhang die von den Physikern so bezeichnete starke Wechselwirkung (starke Kernkraft) nur um ein Prozent stärker oder schwächer ausgefallen, hätte sich die Bindungsenergie der Atomkerne auf eine Weise geändert, die Leben unmöglich gemacht hätte

- eine geringfügige Abweichung in der Größenordnung der von den Physikern als schwache Wechselwirkung (schwache Kernkraft) bezeichneten Komponente wäre für die Verbreitung des Kohlenstoffs im Universum ein entscheidendes Hindernis gewesen
- Sauerstoff- und Kohlenstoffatome sind etwa zu gleichen Teilen in lebender Materie enthalten – übrigens auch im Weltall insgesamt; ein Übermaß an Kohlenstoff hätte die Entstehung vieler Substanzen verhindert, ohne die Leben nicht existieren könnte (zum Beispiel Gestein und Erde), während ein Zuviel an Sauerstoff alle biochemischen Moleküle »verbrennen« würde
- die elektromagnetische Kraft ist etwa 10 hoch 40 mal stärker als die Schwerkraft; wäre die Gravitation nur ein wenig stärker, würden alle Sterne ihre Energie über Strahlung transportieren, und es hätten sich keine Planeten bilden können – wäre sie ein wenig schwächer, hätten keine Supernovas entstehen können, die nach heutiger Kenntnis den einzigen Mechanismus darstellen, um Metalle zu schaffen und im Weltraum zu verteilen
- lediglich eine Verdopplung dieser schwächsten der vier Grundkräfte im Universum hätte bewirkt, dass unsere Sonne hundertmal heller strahlen und sich damit ihre Lebensdauer von zehn Milliarden auf weniger als 100 Millionen Jahre verkürzen würde, eine Zeitspanne, zu kurz um intelligente Beobachter entstehen zu lassen
- das Verhältnis der Neutronen- zur Protonenmasse beträgt 1,00137841870, damit ist die Masse des Neutrons ein wenig größer als die Gesamtmasse von Proton, Elektron und Neutrino, was den Zerfall der freien Neutronen ermöglich; wäre es nur ein halbes Prozent leichter ausgefallen, wären fatalerweise die freien Protonen zerfallen, ohne die es keine Chemie geben kann. (85,92)

Die Existenz von Leben hängt demnach sehr empfindlich von vielen auf den ersten Blick zufälligen Eigenschaften der physikalischen Gesetze ab. Eine in mehreren Fällen nur äußerst geringfügige Änderung dieser Komponenten hätte für das Leben verheerende Konsequenzen mit sich gebracht.

Die Theorie, wonach eine Superintelligenz partizipatorisch, wie John Wheeler es genannt hat, in der Lage ist, ihre eigenen Ursprungsbedingungen, d.h. die für die Herausbildung und Bewahrung des kohlenstoffbasierten Lebens notwendigen Naturgesetze, zu schaffen und im Bedarfsfall auch zu ändern, erscheint daher gar nicht so abwegig.

Alles deutet darauf hin, dass diese »Macht aus der Zukunft« ihre Entwicklung von unserer Erde aus genommen hat und wir Gegenwärtigen ihre unmittelbaren Vorfahren sind.

Wie ich zu dieser Auffassung gelangt bin? Forschungen der letzten Jahre geben Anlass zu der gut begründeten Vermutung, dass unsere irdische Intelligenz im Kosmos einzigartig ist. Mit anderen Worten: Wir sind allein im Universum.

Dafür spricht eine ganze Reihe von Tatsachen, von denen jede für sich bedeutsam genug ist, die in ihrer Summe die Existenz von intelligentem Leben außerhalb unserer Erde jedoch praktisch ausschließen. Ich will nur einige davon nennen:

Ca. 80% der Sterne im Universum befinden sich in Galaxien, die weniger leuchtstark sind als unsere Milchstraße. Da die für die Entstehung von Gesteinsplaneten wichtige Metallizität einer Galaxis und deren Leuchtkraft positiv korreliert sind, verfügt unser Sternensystem in diesem Punkt über eine herausgehobene Stellung. Dazu kommt die Lage unserer Sonne weit ab vom Zentrum der Galaxis, in dessen Nähe aufgrund der höheren Sternendichte und der damit zunehmenden Häufigkeit von Sternexplosionen sowie in weitem Umkreis tödlicher Gammastrahlenblitze die Chancen für die Entwicklung eines höher entwickelten Lebens wegen der dafür benötigten längeren Zeitdauer als deutlich geringer einzuschätzen sind. Auch stellen vagabundierende Schwarze Löcher, sofern sie existieren, hier eine größere Gefahr dar, wird ihnen doch nachgesagt, dass sie sich eher in der Nähe des Zentrums einer Galaxis konzentrieren.

Die Größe einer Sonne wirkt sich ebenfalls limitierend auf die Lebensentwicklung aus. Größenordnungen, die das Zweieinhalbfache unseres Zentralgestirns erreichen und überschreiten, verkürzen die Lebensdauer eines Sterns erheblich. Mehrfachsternsysteme – in denen sich ca. 60-70% aller Sterne befinden, dürften im Regelfall besonders lebensfeindliche Bedingungen aufweisen.

Nach einigen Schätzungen verfügen nur 0,06% aller Sterne innerhalb der Milchstraße über die Voraussetzungen zur Entstehung langfristig stabiler habitabler Zonen. Damit allein ist es jedoch nicht getan.

Dass die Entfernung eines Planeten von seiner Sonne einen der wesentlichen Einflussfaktoren darstellt, darüber belehrt uns ein Blick auf die nächstgelegenen Venus und Mars. Die in den letzten Jahren erfolgten Entdeckungen von Planeten außerhalb unseres Sonnensystems zeigen darüber hinaus, dass diese sich häufig auf überaus exzentrischen Bahnen bewegen, die per se stabile klimatische Verhältnisse ausschließen.

Von nicht zu unterschätzender Bedeutung ist weiter die Tatsache, dass die Riesenplaneten in anderen Sonnensystemen nicht wie bei uns in den äußeren Bereichen, sondern eher in der Nähe des Zentrums auf ihren Bahnen laufen. Ihre gewaltige Gravitation schließt in diesem Fall die Existenz kleinerer Planeten in der »Lebenszone« aus.

Im Gegensatz dazu kann besonders der Gasriese Jupiter als Garant einer kontinuierlichen Entwicklung des Lebens auf der Erde gelten. So lenkte er in der Frühzeit unseres Sonnensystems die wasserhaltigen Asteroiden in unsere Nähe. Später bewahrte er unseren Planeten vor einem höheren Risiko, von Kometen getroffen zu werden. Schätzungen gehen davon aus, dass ohne seinen Einfluss 1.000 Mal mehr Kometen die Erde bedrohen würden.

Genauso wichtig für die Herausbildung funktionierender Lebensbedingungen ist die Rolle unseres Mondes, der sich durch die Kollision der Erde mit einem marsgroßen Himmelskörper gebildet hat. Bei diesem Zusammenstoß bekam die ursprünglich kleinere Erde ihre gegenwärtige Größe verliehen, d.h. ohne dieses Ereignis hätte sich ähnlich wie beim kleineren Mars eine eventuell früher vorhandene Atmosphäre bald verflüchtigt, wäre keine Plattentektonik entstanden und würden keine Vulkane durch den Ausstoß von Gasen zur Bildung einer Biosphäre beitragen. Allerdings hätte die Größe der Erde auch ein bestimmtes Maß nach oben hin nicht überschreiten dürfen, weil dann wegen der stärkeren Schwerkraft die Landschaft flach und gänzlich von Ozeanen überzogen sein würde.

Zurück zur exorbitanten Bedeutung des Erdtrabanten. Ohne die von ihm herbeigeführte stabile Rotationsachse hätte sich im Verlauf der

Erdgeschichte ein Katastrophenszenario an das andere gereiht. Darüber hinaus ist er verantwortlich für die Verlangsamung der Erdrotation und sorgte auf diese Weise für eine größere Tageslänge, was – wie der fossile Befund zeigt – sich positiv auf die Entwicklung der Artenvielfalt ausgewirkt hat.

Diese Aufzählung für unsere Einmaligkeit sprechender Fakten ließe sich noch weiter fortsetzen. Für Interessierte verweise ich einmal mehr auf die entsprechende Fachliteratur. (93,94)

Ganz nebenbei gesagt versetzen diese in den letzten Jahren gewonnenen Erkenntnisse der Theorie von der außerirdischen Herkunft der neuzeitlichen UFOs den endgültigen Todesstoß. Auch die Prä-Astronautik oder Paläo-SETI, wie sie heute oftmals genannt wird, kann damit zu Grabe getragen werden.

So, genug mit den Ausflügen in die Gefilde der Physik und Kosmologie. Ich denke jedoch, dieses zusammengefasste Hintergrundwissen war notwendig, um die gewaltigen Implikationen zu begreifen, die mit der Existenz jener »Macht aus der Zukunft« verbunden sind.

Im nächsten Schritt wollen wir prüfen, welche ungewöhnlichen Himmelserscheinungen der Vergangenheit sich möglicherweise auf ihre Einwirkungen zurückführen lassen und welche weiteren Einflussnahmen darüber hinaus von ihrem Interesse Zeugnis ablegen, die Entwicklung des intelligenten Lebens auf unserem Planeten in eine Richtung zu dirigieren, die das Entstehen ihrer selbst später überhaupt erst möglich macht.

Beginnen möchte ich mit einem Ereignis aus der Zeit Karls des Großen, das die weitere Entwicklung Europas maßgeblich mitbestimmt hat. Der spätere Kaiser des Heiligen Römischen Reiches Deutscher Nation hatte seine liebe Mühe mit den aufrührerischen Sachsen, die ihn immer wieder aufs Neue herausforderten und seinen Hegemonialanspruch nicht anzuerkennen gedachten. Im Jahr 776 u.Z. hielt sich Karl im heutigen Frankreich auf. Die Sachsen nutzten seine Abwesenheit, eroberten die Eresburg und zogen weiter zur Sigiburg im heutigen Westfalen, wo sie mit der Belagerung begannen.

Nach mehreren vergeblichen Versuchen, die Feste einzunehmen, rüsteten die Sachsen zur Entscheidung. Da ereignete sich ein mysteriöses Himmelsschauspiel, das die Wende zugunsten von Karls Franken einleitete. In den alten Annalen wird darüber folgendes berichtet: »An dem selben Tage, an dem der Angriff gegen die in der Burg weilenden Christen beginnen sollte, zeigte sich die Herrlichkeit Gottes über der Kirche, die sich in der Festung befindet. Diejenigen, die alles von außerhalb des Platzes sahen, viele von ihnen leben heute noch, sagen, dass sie das Abbild zweier sich bewegender Schutzschilder in rötlich-flammender Farbe über der Kirche erblickten. Und als die Heiden, die vor den Mauern lagerten, dieses Zeichen sahen, waren sie plötzlich in Verwirrung gestürzt und wandten sich in wilder Panik erschrocken zu einer ungestümen Flucht.« Daraufhin unternahmen die Verteidiger der Burg den historisch belegten Ausfall, verfolgten die fliehenden Sachsen und besiegten sie in offener Feldschlacht. Karl der Große nutzte diesen Erfolg, ging erneut radikal gegen die Rebellen vor und unterwarf sie endgültig. (95)

Ohne diesen Erfolg wäre es den aufständischen Sachsen vielleicht gelungen, Karl für immer aus den Gebieten östlich des Rheins zu vertreiben. Die weitere Zersplitterung der in Mitteleuropa lebenden Völkerschaften als Folge davon hätte die für den Verlauf der Geschichte so entscheidende Herausbildung eines europäischen Großreiches, das sich über viele Jahrhunderte erfolgreich allen Anfeindungen der aus Asien nach Westen drängenden Steppenreiter sowie später eines militanten Islam erwehren konnte, verhindert. Ohne das Schlüsselereignis von der Sigiburg wäre Europa in seiner abendländischen Ausprägung heute nicht mehr existent. Die indirekte Unterstützung des lebensfeindlichen, für die weitere Entwicklung von Kultur und Wissenschaft nicht gerade förderlichen Christentums wurde dabei anscheinend billigend in kauf genommen.

Die über der Sigiburg praktizierte psychologische Kriegführung ist kein Einzelfall geblieben.

Bekanntermaßen stand der Ausgang des 1. Weltkrieges mehrfach auf des Messers Schneide. Im Frühjahr 1917 hatten die Ententemächte bei Arras in Nordfrankreich mit einer großangelegten Offensive begonnen, welche den endgültigen Durchbruch durch die deutschen Linien erzwingen sollte. Nach anfänglichen Erfolgen begann sich allerdings das Gegenteil von dem abzuzeichnen, was beabsichtigt worden war. Die Deutschen übernahmen die Initiative und konnten ihrerseits Fortschritte erzielen. Vor Beginn der deutschen Gegenoffensive tauchten sie wieder auf, die merkwürdigen Himmelszeichen. Der Schotte Angus McBean schrieb darüber in einem Feldpostbrief an seine Mutter: »Vor ein paar Minuten hat das mörderische Trommelfeuer endlich aufgehört, das uns seit Tagen zusetzt, und so komme ich endlich dazu, Dir zu schreiben. Hier geht etwas Unheimliches vor. Jede Nacht ziehen ganze Bataillone von altmodisch gekleideten Soldaten über den Himmel. ... Wir alle haben sie gesehen, aber niemand weiß so recht, wer sie sind. Einige Kameraden meinen, dass müssten die Toten der Schlacht von Agincourt sein – Engländer, die hier vor Jahrhunderten einen großen Sieg errungen haben. Und sie seien hier, um uns Mut zu machen. Aber die meisten glauben, dass es die himmlischen Heerscharen sind, die den Deutschen zu Hilfe kommen wollen. Eines ist sicher: Etwas Gutes haben diese Gespensterbataillone bestimmt nicht zu bedeuten.« (95)

Mithilfe dieser »Projektionen«, die übrigens – falls jemand auf diesen Gedanken kommen sollte – nicht mit der damaligen Technologie der kriegführenden Seiten zu bewerkstelligen waren, konnten die im Einsatz befindlichen britischen und kanadischen Truppen anscheinend erfolgreich in Zweifel über ihre weiteren Siegeschancen gesetzt werden.

Auf den endgültigen Ausgang des 1. Weltkrieges nahm dieses Ereignis keinen Einfluss. Die für die deutsche Niederlage verantwortlichen Zusammenhänge von Ursache und Wirkung waren wohl zu vielfältig und komplex, um sie entscheidend modifizieren zu können. Wir werden es später noch wiederholt sehen, die aus der Zukunft übermittelten Informationsketten können sich am konkreten Einzelbeispiel auswirken und das auch über einen sehr langen Zeitraum, aber wohl nur dann, wenn wie im Fall der Sigiburg das Handlungsmuster relativ einfach strukturiert ist. Diesen Gedanke zu Ende gedacht bedeutet, ein Universum in einem Zustand noch ohne die für die Entstehung des kohlenstoffbasierten Lebens erforderliche Komplexität muss sich aus der Zukunft leichter »partizipatorisch« haben beeinflussen lassen, als ein Kosmos, in dem zumindest an einer Stelle mannigfaltige Lebensformen und an der Spitze davon intelligentes Leben existierten.

Kommen wir zu einem anderen Bereich möglicher Eingriffe aus der Zukunft, die sich am Himmel manifestieren – den religiösen Erscheinungen. Ich will mich dabei beschränken auf die mit dem katholischen Glauben verbundenen. Allein die Anzahl der behaupteten Marienerscheinungen geht in die Hunderte. Es ergibt keinen Sinn, diese alle ernst zu nehmen. In vielen Fällen können Halluzinationen, eidetische Bilder oder in religiöser Ekstase vom Unterbewusstsein erzeugte »Erlebnisse« die Ursache sein. Einige wenige sollten jedoch unsere Beachtung finden, gerade dann, wenn mehrere Zeugen aufgetreten und verifizierbare Sekundärphänomene registriert worden sind. Diese Bedingungen sind aus meiner Sicht erfüllt gerade an den weltweit bekanntesten Erscheinungsorten, wie zum Beispiel Fatima, Heroldsbach und Montichiari-Fontanelle.

An allen drei Stellen konnten in der Vergangenheit spektakuläre Himmelsphänomene beobachtet werden, die bis heute als Sonnenwunder bezeichnet werden, obgleich sie mit unserem Zentralgestirn, wie man noch sehen wird, nichts zu tun haben.

Was geschah am 13. Oktober 1917 tatsächlich in Fatima? Der Kontakt zu den drei tiefgläubigen Seherkindern war schon über längere Zeit aufrecht erhalten worden. Für diesen Tag hatte die von ihnen als Mutter Gottes interpretierte »Lichtgestalt« ein großes Wunder angekündigt. Siebzigtausend Menschen waren anwesend, als sich folgendes ereignete: »Die Sonne erschien im Zenit wie eine silberglänzende Scheibe. Sie begann sich mit rasender Geschwindigkeit wie ein Feuerrad um sich selbst zu drehen. Dabei leuchtete sie in allen Farben des Regenbogens und streute nach allen Seiten hin Lichtflämmchen und Feuergarben aus. Einen Augenblick später begann sie ihre phantastische Bewegung von neuem, und es wiederholte sich das feenhafte Spiel von Licht und Farben, ein Feuerwerk, wie es sich großartiger nicht denken lässt. Nach wenigen Minuten hielt die Sonne in ihrem Tanze wieder inne, um den Zuschauern eine kurze Ruhepause zu gewähren. Dann begann sie ein drittes Mal ihr zauberhaftes Feuerwerk.« (96) Allein die eingetretenen Unterbrechungen lassen die von einigen geäußerte Theorie, ein besonderes meteorologisches Phänomen wäre für dieses Himmelsschauspiel verantwortlich, wenig glaubhaft erscheinen. Gänzlich ad absurdum geführt wird diese Meinung durch den weiteren Verlauf des vermeintlichen Wunders. Angesichts der vorliegenden Augenzeugenberichte wird auch deutlich, dass es sich keineswegs um die Sonne handelte, die über Fatima verrückt spielte: »Nun hatte es für die Anwesenden den Anschein, als würde sich die Sonne vom Firmament lösen und in gewaltigen Zickzacksprüngen auf die Erde zustürzen. ... Es war, als drohte sie unter ihrer feurigen, ungeheuren Wucht alles zu zermalmen.« Das Ereignis dauerte insgesamt etwa zehn Mi-

nuten und konnte bis zu einer Entfernung von 40 Kilometern beobachtet werden. (96)

Was sich am 8. Dezember 1949 vor zwanzigtausend Menschen in Heroldsbach ereignete, unterschied sich nur marginal von den Beobachtungen, wie sie 32 Jahre zuvor in Fatima aufgezeichnet worden waren:
»Als ich ins Freie kam, sah ich eine große rote Sonne wie eine ganz
große Kugel … Diese Sonne drehte sich schnell um sich selbst und färb-
te sich nacheinander in allen Farben: rot, blau, gelb, grün. … Ich sah
auch, wie die Sonne auf und nieder zuckte. Dann stand sie wieder still,
um von neuem anzufangen sich zu drehen, zu zittern, zu zucken und
sich zu verfärben. Diese Sonne hat mich, obwohl sie so nahe war, aber
gar nicht geblendet. Sie spaltete sich auch zuckend auseinander, so dass
ich in der Mitte einen etwas dunkleren Spalt sehen konnte. Was das
war, weiß ich nicht.« (96) Gerade diese letzte Beobachtung könnte den
Anschein erwecken, als würde aus einem räumlich eng begrenzten Bereich ein Energieausbruch erfolgen. Mit anderen Worten: Über dem
Erscheinungsort konstituierte sich ein physikalisches Feld unbekannter Beschaffenheit und wurde zum Auslöser einer Kette von »Projektionen« am Himmel.

Ähnliches bemerkten am 20. April 1969 gegen 16.00 Uhr auch die 20
Zeugen des »Sonnenwunders« von Montichiari-Fontanelle: Die Wol-
kendecke sei über ihnen aufgerissen und hätte einen großen, breiten Raum
freigegeben, der sich gegen die Tageshelle zu verdunkeln begann und
schließlich in tiefe Nacht verwandelte. »Nun erschien in weiter Ferne
eine kleine, fahle Scheibe, die sich zusehends vergrößerte und waage-
recht auf uns zukam. Sie verfärbte sich rot mit wunderschönen Nuan-
cen und wurde dann hin und her geschleudert wie eine Laterne, als wü-
te ein furchtbarer Sturm. Dann ging sie an den Rand der Wolken und
schien auf die Erde herunterzufallen. … Die Scheibe sei daraufhin in
den ›dunklen Korridor‹ zurückgekehrt.« (96) Hier war der dunkle Spalt
zum Korridor geworden, aus dem heraus sich die Erscheinung mani-
festierte. Überhaupt gleichen sich die »Sonnenwunder« von Fatima,
Heroldsbach und Montichiari in einem Maße, dass unmöglich von einem Zufall gesprochen werden kann. Die von einer unbekannten Macht
hervorgerufenen Himmelsschauspiele wirken real und wurden sicherlich nicht ohne Absicht vor einer größeren Menschenmenge zelebriert.

Den Zweck hinter dem Geschehen können wir nur vermuten. Sicherlich hat er nichts mit dem Inhalt des katholischen Glaubens zu tun, mehr wohl mit der Inbrunst seiner Anhänger. Dieser Fanatismus gab die Gewähr dafür, dass sich die Augenzeugen mit ihrer Interpretation der Ereignisse hervorragend für fremde Zwecke einspannen ließen. Sie würden nichts unversucht lassen, an den Erscheinungsorten Mahnmale der Erinnerung einzurichten. Diese wären zukünftig für lange Zeit die Sammelstelle für Millionen von Menschen, deren im Gebet geäußerte Hoffnungen, Wünsche und Gedanken ein den jeweiligen Zeitgeist widerspiegelndes »Informationsfeld« abgeben würden, das anzuzapfen einer »Macht aus der Zukunft« von direktem Nutzen sein konnte. Analog zu einem Prozess, der sich trotz unseres heutigen in physikalischen Dingen vielfach herrschenden Unverständnisses wohl am ehesten noch mit einer passiven Variante des in diesem Buch schon erwähnten Remote Influence vergleichen ließe, wäre sie auf diese Weise immer über aktuelle Entwicklungen in unserer Gegenwart orientiert und könnte im Falle eines Abweichens vom direkt zu ihr hin führenden Weg stabilisierend eingreifen. Ich denke, wir sollten die Funktion dieser Erscheinungsorte nicht überbewerten. Mit Sicherheit sind sie nur Teil eines weitverzweigten Systems zur Informationsbeschaffung aus der Vergangenheit.

Eine dritte und letzte Kategorie möglicher Eingriffe aus der Zukunft will ich noch anführen. Diese hat nichts mit Ereignissen zu tun, die sich am Himmel abspielen, auch geht es nicht darum, machtpolitisch bedeutsame Verläufe der Geschichte zu beeinflussen, oder wie im Beispiel der religiösen Erscheinungen Informationsspeicher anzulegen. Vielmehr umfasst diese Kategorie die gezielte Einflussnahme auf das, was wir unter Wissenschaft und Technik verstehen. Selbst das philosophische Denken bleibt, wie wir noch sehen werden, anscheinend davon nicht ausgespart. Am besten zu umschreiben wäre die Wirkung dieser Eingriffe mit einer Art Katalysatorfunktion für den menschlichen Fortschritt. Und wie nicht anders zu erwarten, setzt die in diese Richtung zielende Aktivität wieder am Einzelbeispiel an, genauer gesagt am Individuum, wie es uns in einigen herausragenden Persönlichkeiten unserer Geschichte gegenübertritt.

Beispielhaft möchte ich auf drei dieser »Giganten« verweisen, deren überragendes Talent schon immer Fragen aufgeworfen hat, die so weit

»jenseits« standen, dass sie nicht nur ihren Zeitgenossen ein Rätsel geblieben sind, sondern selbst wir heute nur mit einer gewissen Ehrfurcht zu ihnen aufblicken können.

Beispiel eins – Leonardo da Vinci (1452-1519):
Bei ihm handelt es sich nicht nur um einen begnadeten Maler und Bildhauer. Wenige wissen, dass er als Naturwissenschaftler und Techniker von nicht minderem Rang war.

In seinen Aufzeichnungen beschrieb er Probleme der Hydraulik, Dynamik und Statik. Er konstruierte Zahnräder und Getriebe. Viele seiner Geräte wurden inzwischen nachgebaut. Er erdachte eine Werkzeugmaschine zum Schleifen von zylindrischen Bohrlöchern, wie sie heutzutage für die Herstellung von Kugellagern selbstverständlich ist. Er entwickelte ein Kreiselsystem, wie wir es heute für Blindflüge verwenden. Das mehrläufige Maschinengewehr stand auf seinem Zeichenpapier genauso wie der erste Roboter. Er erkannte, dass es aufgrund der Gesetze der Schwerkraft nie ein perpetuum mobile geben würde. Er konzipierte neben anderen Großbauten auch eine mehrere Kilometer lange Brücke über den Bosporus. Er zeichnete Landkarten ganz im Sinne moderner Geografie. Er sezierte Leichen und schrieb ein Traktat über die menschliche Anatomie. Er untersuchte den Vogelflug, die Strömungsgesetze der Luft und entwarf in diesem Zusammenhang die Konstruktion für ein Flugzeug. Er ersann eine zweistufige Rakete. Er kam von geologischen Beobachtungen zur Prüfung der Entstehung von Fossilien – seine biologischen Studien machten ihn zum ersten wissenschaftlichen Illustrator.

»Jedes seiner Wissensgebiete hätte Jahre der Studien benötigt – jedes einzelne Ergebnis wäre der Erfolg eines erfüllten Lebens gewesen.« (97,98) Wie erklärt man sich das alles?

Nicht anders bei Gottfried Wilhelm Leibniz (1646-1716):
»Als junger Mann schrieb er an einem einzigen Morgen ein Gedicht mit dreihundert lateinischen Hexametern. Er erfand die Infinitesimalrechnung und das binäre Zahlensystem, begründete einige neue philosophische Denkrichtungen, entwickelte politische Theorien, stellte geologische Hypothesen auf, legte den Grundstein zur Informationstechnologie, fand eine Gleichung für kinetische Energie und traf eine erste Unterscheidung zwischen Hardware und Software.« Er begründete unsere heutige Vorstellung vom Unbewussten und das interessanter-

weise gerade angesichts dieser Vielzahl von Ideen, die aus ihm heraussprudelten. Er vertrat die Meinung, diese stammten womöglich aus Innenräumen, zu denen er keinen Zugang hatte. (99) So als hätte er geahnt, dass in seinem Fall nicht alles mit rechten Dingen zuging.

Friedrich Nietzsche (1844-1900) war als Dichter und Philosoph mehr noch als Leibniz in der Lage, seinen Empfindungen zu diesem Sachverhalt beredten Ausdruck zu verleihen:

»Hat jemand, Ende des neunzehnten Jahrhunderts, einen deutlichen Begriff davon, was Dichter starker Zeitalter Inspiration nannten? Im andren Falle will ich's beschreiben. – Mit dem geringsten Rest von Aberglauben in sich würde man in der Tat die Vorstellung, bloß Inkarnation, bloß Mundstück, bloß Medium übermächtiger Gewalten zu sein, kaum abzuweisen wissen. Der Begriff Offenbarung, in dem Sinn, dass plötzlich, mit unsäglicher Sicherheit und Feinheit, etwas sichtbar, hörbar wird, etwas, das einen im Tiefsten erschüttert und umwirft, beschreibt einfach den Tatbestand. Man hört, man sucht nicht; man nimmt, man fragt nicht, wer da gibt; wie ein Blitz leuchtet ein Gedanke auf, mit Notwendigkeit, in der Form ohne Zögern ...« (100)

Nietzsche war es, der die Philosophie nach den Irrwegen des Idealismus wieder vom Kopf auf die Füße gestellt hat und dem die Philosophen der letzten hundert Jahre eine Vielzahl von Anregungen verdanken. Die oben zitierten Sätze beziehen sich in erster Linie auf ein Erlebnis, in dessen Folge er die Lehre von der ewigen Wiederkunft entwickelte, ein Weltbild, das ich persönlich überaus interessant finde und welches durch die Entdeckung der so genannten Planck-Länge als kleinster möglicher Längeneinheit gar nicht einmal so undenkbar erscheint. Das aber nur nebenbei.

Da Vinci, Leibniz, Nietzsche – allesamt Jahrtausendgenies, auf subtile Art und Weise angeleitet aus der Zukunft, um mit völlig unzeitgemäßen Ideen die einzig intelligente Lebensform im Universum dauerhaft auf Kurs zu halten.

Wenn Sie, liebe Leser, meine Gedanken in diesem Kapitel bis hierher nachvollzogen haben und insbesondere den letzten Satz in seinen Folgerungen noch einmal durchdenken, drängt sich Ihnen nicht zwangsläufig eine weiterführende Konsequenz auf, die in direktem Zusammenhang steht zur Dritten Macht? – Die Dritte Macht hatte Helfer!

Ohne die »Macht aus der Zukunft« hätte sie sich niemals konstituieren können.

Beim Projekt »Die Glocke« handelt es sich in noch viel größerem Maße um eine völlig unzeitgemäße Entwicklung. Die verschiedenen daraus abgeleiteten Nutzanwendungen, sei es der Antigravitationsantrieb, die unbegrenzte Energiegewinnung aus dem Nullpunktenergiefeld oder der Einstieg in die Forschungen zum Bau einer Zeitmaschine, sind so weit jenseits unserer heutigen Möglichkeiten, dass in den 70 Jahren, die seit der Entwicklung dieser Technologie vergangen sind, keiner der anderen Mächte ein Durchbruch auch nur in einem der aufgezählten Anwendungsgebiete gelungen ist und auf absehbare Zeit auch nicht zu gelingen scheint.

Dieser ungeheure wissenschaftliche Abstand zum Standardwissen der Gegenwart ist auch von anderen gesehen worden. Erinnert sei an eine Aussage der von mir in »Operation Tamacuari« zitierten »Quelle X«, eines Mannes aus dem direkten Umfeld des Reichsführers-SS Heinrich Himmler: »Ein anderes Beispiel, das mir vom Jahresende 1942 noch in Erinnerung ist, ist folgendes: Damals hatte sich jemand bei Himmler gemeldet und eine Konstruktionsskizze für eine sehr interessante, völlig neuartige Technologie vorgelegt, von der jeder Vernünftige gleich gesagt hätte, dass das eine Spinnerei sein würde. Himmler ließ den Vorschlag prüfen, und dazu nutze er die Fähigkeiten von zwei hervorragenden Wissenschaftlern, die unabhängig voneinander zu dem Urteil kamen, mit unserer jetzigen Technik könnten wir das nicht machen, grundsätzlich würde es aber möglich sein.« (3) Die zwei Spitzenwissenschaftler, bei denen Himmler um eine Einschätzung der Erfolgsaussichten nachsuchte, waren die beiden Physiker Walther Gerlach und Pascual Jordan. (101) Auf den Letzteren werde ich im weiteren Verlauf noch zurückkommen. Aufgrund dieses Gutachtens erteilte Himmler den Auftrag, mit dem Projekt zu beginnen und »am Ende waren mindestens 40 Wissenschaftler und viele Hilfskräfte damit in Schlesien beschäftigt, und die Fortschritte waren unglaublich«. (3)

In »Die Zukunft hat längst begonnen« hatte ich die Worte eines britischen Geheimdienstmitarbeiters wiedergegeben, die dieser im Interview mit den Autoren Thomas Mehner und Edgar Mayer geäußert hatte: »Ja, und dann war da noch das vierte Team, von dem wir in der letzten Kriegsphase gerüchteweise hörten. Das war allerdings so schemenhaft und phantastisch, dass man wieder einmal an eine Finte denken konnte. Aber nach dem Krieg stellte sich dann heraus, dass es eben keine war und dass die Welt nur um Haaresbreite an einer riesengroßen Katastrophe vorbeiging. … Das vierte Team arbeitete in einem Umfeld, in dem Ungeheuerliches alltäglich war. Und wenn ich das so sage, meine ich damit, die experimentierten da mit Dingen, die selbst für die gut informierte Öffentlichkeit bis heute undenkbar und unglaublich, also irreal sind. Mir hat damals jemand angedeutet, es scheine so, als seien diese Spezialisten im Begriff gewesen, herkömmliche physikalische Gesetze aufzuheben. (1,102)

Beide Aussagen, wird der Gesamtkontext betrachtet, in dem sie stehen, beziehen sich unzweifelhaft auf das Projekt »Die Glocke«. (1,3)

Die aus der Zukunft zu uns gelangenden, wie sie Prof. Hoyle bezeichnet hat, »verschlüsselten Informationsketten zur Beeinflussung von Quantenereignissen« haben demnach auch in jüngster Vergangenheit ihre Spuren hinterlassen. Ähnlich wie bei da Vinci, Leibniz und Nietzsche erwählten sie sich eine bestimmte Persönlichkeit, in diesem Fall wohl einen deutschen Physiker, dessen Name uns bis heute nicht bekannt geworden ist. Wir wissen lediglich von seinen beiden Mentoren, die anscheinend nicht nur sein Projekt dem Reichsführer-SS nahe gebracht, sondern auch Entscheidendes zum Gelingen beigetragen haben.

An dieser Stelle möchte ich einen Einwand behandeln, der immer wieder vorgebracht wird, wenn mögliche Eingriffe aus der Zukunft diskutiert werden. Es entsteht dann angeblich unweigerlich eine paradoxe Situation. Die Vergangenheit bestimmt die Gegenwart, und wenn dann die Vergangenheit geändert wird, ändert sich auch die Gegenwart.

Wer kennt nicht das Beispiel, in dem ein Zeitreisender in der Vergangenheit seine Mutter ermordet, bevor sie ihn in die Welt setzen kann. Ein solches Paradoxon kann aber vermieden werden, wenn die Geschichte in sich selbst konsistent ist. Die Physiker, so auch Prof. Hoyle und Paul Davies, sprechen dann von kausalen Zeitschleifen. (84,85)

»Eine entsprechende Variante der Geschichte vom Mörder der eigenen Mutter könnte dann so aussehen: Der Zeitreisende reist 50 Jahre zurück in die Vergangenheit und trifft ein junges Mädchen, das gerade von einem Räuber erschossen zu werden droht. Der Zeitreisende greift ein und rettet dem jungen Mädchen das Leben. Das Mädchen wächst auf und wird die Mutter des Zeitreisenden. Diese in sich konsistente Schleife enthält Erklärungen, die einen Kreis bilden: Das Überleben des Mädchens und seine Mutterschaft werden vom Zeitreisenden begründet, während der Zeitreisende durch die Mutterschaft des Mädchens begründet wird.« (85)

Ich glaube, es bedarf nur wenig Phantasie, um diese Situationsbeschreibung in analoger Form auf die Dritte Macht und ihr Verhältnis zur »Macht aus der Zukunft« anzuwenden.

Ich betone es noch einmal: Die Dritte Macht hatte Helfer! Ohne das mit dem Projekt »Die Glocke« verbundene Wissen hätte sie nicht die von uns als UFOs bezeichneten Antigravitationsfluggeräte entwickeln können. Sie wäre ohne die Nutzung der Nullpunktenergie von den im Vergleich geradezu armselig anmutenden Energiequellen abhängig, auf die wir uns beschränken müssen. Und würde ihr dann nicht auch die Kontaktaufnahme zu ihren Unterstützern aus der Zukunft auf ewig unmöglich gewesen sein? Wie, der Kontakt zur Dritten Macht aus der Zukunft ist keine Einbahnstraße?

Erinnert sei an das, was ich in meinem ersten Buch über die Auswirkungen der Versuche mit dem Projekt »Die Glocke« geschrieben hatte. Eines der Unterprojekte wurde »Chronos« genannt. Ich zitierte damals den Physiker, der unter dem Pseudonym Dan Marckus dem britischen Wissenschaftsjournalisten Nick Cook bei seinen Recherchen zu den Ursprüngen des UFO-Phänomens im Dritten Reich als fachlicher Ratgeber zur Seite stand: »Wenn man ein Torsionsfeld hinreichender Größe erzeugt, so kommt es zur Krümmung der Dimensionen des Raumes. Je mehr Torsion erzeugt wird, desto größer ist die Störung des Raumes. Krümmt man den Raum, so krümmt man auch die Zeit.« (1) Die Konsequenz daraus: »Man wollte eine verdammte Zeitmaschine bauen.« (18) Der Projektname »Chronos« war somit zugleich Programm.

Wenn das vermutete Wirkprinzip zur Beeinflussung der Zeit hier auch ein anderes ist, als das im Experiment mit verzögerter Entscheidung, so erweist sich folgende Frage trotzdem als legitim: Hat die »Macht aus der Zukunft« der Dritten Macht tatsächlich ein Instrument in die Hand gegeben, mit dem sie bei Vermeidung des oben genannten Zeitparadoxons das Wissen der Zukunft anzuzapfen in der Lage ist? Verhält es sich so, dann ist die Dritte Macht noch viel weiter entwickelt, als bisher selbst bei vorsichtigster Abschätzung ihrer Möglichkeiten angenommen werden konnte.

Ich komme zurück zu Pascual Jordan. Als Physiker wirkte er maßgeblich mit an der Entwicklung und mathematischen Formulierung der Quantenmechanik. Darüber hinaus begründeten seine Arbeiten die Quantenfeldtheorie. (103) Nach den Erkenntnissen Igor Witkowskis trug er neben Walther Gerlach wohl am meisten zum Gelingen des Projektes »Die Glocke« bei, in dem er zu der Erkenntnis gelangte, dass durch die Rotation eines starken elektromagnetischen Feldes die Gravitation künstlich beeinflusst werden konnte. (101) Jordan galt unter Kollegen als ein fanatischer Anhänger des Nationalsozialismus. Aufgrund dieser seiner politischen Einstellung blieb ihm der Nobelpreis später verwehrt. (103)

In den Jahrzehnten nach dem Krieg ist es wiederholt zu einer Zusammenarbeit Pascual Jordans mit Burkhard Heim gekommen. (104) Wie ich in »Operation Tamacuari« dargelegt habe, war der Wissenschaftler Burkhard Heim während des 2. Weltkrieges in bestimmte Forschungsvorhaben der SS eingebunden und entwickelte in den 50er Jahren des letzten Jahrhunderts analog zum Funktionsprinzip von »Die Glocke« einen Antigravitationsantrieb. Heims Forschungen wurden publik und erregten für einige Jahre großes öffentliches Interesse. (104) Dieses legte sich wieder, nachdem Heim weitere Details nicht preisgeben wollte, um nicht auch »dem Feind«, wie er einem Gesprächspartner gegenüber sagte, einen Einblick zu gewähren. Man könnte jetzt spekulieren, ob Jordan Heim nach dem Krieg auf diese Forschungen angesetzt oder ob Heims frühere Mitarbeit bei der SS-Forschungsgemeinschaft *Ahnenerbe* den Ausschlag dafür gegeben hat.

Überhaupt scheint mir in erster Linie die von Burkhard Heim entwickelte erweiterte einheitliche Quantenfeld-Theorie dafür geeignet, viele der besonders in diesem Abschnitt aufgeworfenen Fragen einer Lösung näher zu bringen. Im Gegensatz zu anderen populären Theorien, liefert Heims Theorie das Massenspektrum der Elementarteilchen und sämtliche weiteren Teilcheneigenschaften (Lebensdauern, Ladungen, magnetische Momente, Landé-Faktor, Spin, Isospin, Ursache der Trägheit) in unerhörter Genauigkeit. Auch die Naturkonstanten können im Rahmen dieser Theorie erstmals widerspruchsfrei hergeleitet werden. (105)

Von besonderer Bedeutung ist die Einführung einer 5. und 6. Dimension, womit sowohl die Dynamik quantitativer als auch qualitativer (!) Prozesse in die Betrachtung einbezogen werden kann. Dabei entspricht die 5. Koordinate im quantitativen Bereich einer inversen Entropie, d.h. in dieser Dimension findet Organisation statt. Entfernungen sind dabei analog zur Theorie vom holografischen Universum ohne Belang. Die Heimsche 6. Dimension bestimmt hingegen das Ziel der einzustellenden Struktur, d.h. aus dieser ließe sich das anthropische Prinzip begründen. (106)

Wie gesagt, fast erweckt es den Anschein, als hätte Heim von Jordan die entscheidenden Hinweise erhalten, in welche Richtung er seine Forschungen vorantreiben musste. Ich meine damit nicht nur in Bezug auf die Beherrschung der Antigravitation. Ein tieferes Verständnis der aus der Zukunft gesteuerten Informationsprozesse zu erlangen, ist diesem naturwissenschaftlichen Genie, liest man aufmerksam die veröffentlichten Texte, anscheinend ein besonderes Anliegen gewesen. Es ist gut möglich, dass Burkhard Heim sogar den zugrunde liegenden Code geknackt hat.

Darauf deuten – ohne an dieser Stelle in die physikalischen Einzelheiten gehen zu können – zumindest Heims Hinweise auf den von ihm so bezeichneten »Raum G4« hin. Er schreibt dazu: »Der Raum ist für uns wohl auch verschlossen. Trotzdem haben wir begonnen, ›mit dem Bohrer Löcher zu bohren‹, weil die Tür sich nicht öffnen will. … Das was man tatsächlich mitbekommt, sind hochsymmetrische aber zeitlose Strukturen, die über die informatorischen Koordinaten in jedem beliebigen Zeitabschnitt des räumlichen Kosmos eingreifen und etwas ändern können, völlig gleichgültig, ob das bezogen auf uns Menschen gegenwärtig, vergangen oder zukünftig ist. … Vielleicht ist es der zeitliche Webstuhl der Welt, wo die Schicksalsfäden zusammengewoben werden, weil jeder Zeitabschnitt zugänglich ist. … Aber es ist eine dynamische Steuerung. Was da auch immer in dem G4 steuert … geht dann über die organisatorische Struktur und tritt in die materielle Welt ein … dann wäre die steuernde Ursache in dem G4 eine intelligente.« (105) Näher als Burkhard Heim ist wohl bisher niemand der Lösung dieses größten uns vom Universum aufgegebenen Rätsels gekommen.

Kehren wir zurück zu den Aussagen Major Murphys. Es konnte gezeigt werden, dass die von diesem vermutete rückwirkende Einflussnahme auf Ereignisse in der Vergangenheit – hier besonders mit Blick auf so manches unerklärliche Himmelsphänomen – durchaus im Bereich des Möglichen liegt. Mit dieser neuen Perspektive im Hinterkopf möchte ich nicht ausschließen, dass ein »Transfer« unzeitgemäßer Technologien auch im Szenario meines Autorenkollegen Mathias Kappel eine Rolle gespielt haben könnte. Demnach wären die Flugtechnologien des Altertums von der »Macht der Zukunft« an das in der nordischen Bronzezeit existierende Großreich, für das heute das Synonym Atlantis steht, »vermittelt« worden. Wozu? Vielleicht sollten auf diese Weise nach der umwälzenden Katastrophe von vor 3.200 Jahren die schnellere Ausbreitung und damit das Überleben dieser großartigen Kultur und ihrer Träger gesichert werden. Damit blieb die Kontinuität des Werdens auf dem direkt zu dieser Superintelligenz hinführenden Weg gesichert. Jetzt können wir auch verstehen, warum sich die Dritte Macht, wie ich zum Schluss des vorangegangenen Kapitels geschrieben habe, als »Bewahrer dieser Tradition« versteht.

Im Unterschied dazu blieb die Entwicklung der von uns so bezeichneten UFOs der Neuzeit eine Angelegenheit der Dritten Macht. Auch die Unterlagen Major Murphys weisen in diese Richtung. Nur die entscheidende Initialzündung entsprang einer Hilfeleistung von außen.

In der Zwischenzeit, dieses Kapitel beweist es hinreichend, konnte die Existenz des Projektes »Die Glocke« von verschiedener Seite mehr oder weniger direkt bestätigt werden. Neben den grundlegenden Forschungsergebnissen Igor Witkowskis lassen auch die Aussagen von Major Murphy, der »Quelle X« sowie des vom Autorenduo Mehner/Mayer zitierten britischen Gewährsmannes keinen Zweifel daran, dass zum Ende des 2. Weltkrieges eine Technologie entwickelt worden ist, die so phantastisch anmutet, dass sie sich bis heute einem tieferen Verständnis durch die offizielle Wissenschaft entzieht. Nur eine ihrer praktischen Auswirkungen in Gestalt sporadisch gesichteter UFOs bekommen wir präsentiert.

Den genannten Hinweisen will ich zum Abschluss dieses Kapitels einen weiteren hinzufügen.
Im Jahr 1947 wurde in Argentinien die deutsche Emigrantenzeit-

schrift »Der Weg« ins Leben gerufen. Wenn man die einzelnen Beiträge dieses nach dem Ende der Ära Perons zehn Jahre später gezielt in die Insolvenz geführten Blattes verfolgt, könnte fast der Eindruck entstehen, dass es sich bei ihm um das Sprachrohr der Dritten Macht gehandelt hat. In einem Artikel aus dem Jahr 1948, überschrieben mit »Patent-Auswanderung«, wird Bezug genommen auf eine Waffenentwicklung, deren behaupteter entscheidender Parameter unser Erstaunen hervorrufen muss: »Nur der schnelle Abschluss des Krieges konnte bewirken, dass die Deutschen nicht noch mit einer weitreichenden reaktionsgetriebenen Bombenmaschine fertig wurden, die in vier Minuten von Deutschland nach New York fliegen konnte.« (107)

Ich wiederhole es noch einmal, weil es so unglaublich ist – in vier Minuten von Deutschland an die Ostküste Nordamerikas! Was für eine Geschwindigkeit! Mit den damals wie heute offiziell bekannten Technologien ist solches völlig unmöglich zu erreichen. Mit dem aus dem Projekt »Die Glocke« entwickelten Feldantrieb dagegen schon.

Ich habe mich beim Lesen gefragt, ob die Redaktion vielleicht einem Irrtum aufgesessen ist oder sich beim Druck ein Fehler eingeschlichen hat, es statt vier Minuten vier Stunden heißen müsste, was für die damalige Zeit immer noch sensationell gewesen wäre. Andererseits, wo sonst, wenn nicht im Argentinien Perons hätten solche Informationen direkt an der Quelle bezogen werden können. Und nichts anderes haben die für diese Zeitschrift Verantwortlichen auch getan: »Die Schriftleitung gibt zusätzlich an, eine Bestätigung dieser Daten von Fachleuten eingeholt zu haben.« (107) Was damals in Unkenntnis der Existenz von »Die Glocke«, trotz der Beteuerungen der um ihre Reputation besorgten Enthüllungsjournalisten von »Der Weg«, absolut unmöglich, ja überzogen phantastisch erschienen sein muss, hat Jahrzehnte später seine Bestätigung erfahren.

Noch einmal: Ohne die »Macht aus der Zukunft« wäre es niemals so weit gekommen!

Für mich besteht kein Zweifel an der Tatsache, dass die Dritte Macht dafür ausgewählt worden ist, die Zukunft zu ermöglichen. Über die Gründe dafür können wir nur spekulieren.

8.
ENDZEIT 2016

Diesem Kapitel verdankt das Buch seinen Titel. Grundlage meiner zielsicheren Prognose sind Überlegungen, die ich erstmals für »Die Zukunft hat längst begonnen« im Jahr 2005 zu Papier gebracht hatte, damals mit der wie folgt formulierten Konsequenz: »Der endgültige Zusammenbruch des globalen Finanz- und Wirtschaftssystems wird sich in wenigen Jahren ereignen – das Einstiegsszenario für die Übernahme der Welt durch die Dritte Macht beginnt sich immer drohender am Horizont abzuzeichnen.« (1) Siehe hierzu auch die Kurzfassung des von mir vertretenen Übernahmeszenarios im Abschnitt »Fragen mit ewiger Wiederkehr«.

In den Folgebänden ging es vor allem darum, die sich mehrenden Zeichen für den Eintritt dieser größten von Menschen verursachten Katastrophe aller Zeiten zusammenzutragen. Ein fulminantes Ereignis, nicht wie in der Vergangenheit regional begrenzt, nicht allein auf wirtschaftliche Verwerfungen beschränkt, nicht nur einzelne Bevölkerungsgruppen betreffend, sondern sich allumfassend auswirkend, die Grundfesten unserer Zivilisation nicht erschütternd, sondern mit einem gewaltigen Ruck hinwegfegend, gleichsam alle unsere bisherigen Werte pulverisierend. Dieser »Doomsday« wird sich in Kürze ereignen.

Der Nutznießer steht schon bereit. Er hat mit kalter Berechnung die ursächlichen, in unserem Wirtschaftssystem angelegten Gesetzmäßigkeiten von Beginn an in sein Kalkül einbezogen. Seine große Stunde hat dann geschlagen. Er tritt aus der Anonymität – kompromisslos, gnadenlos, mit einer bis ins Detail geplanten Agenda für die Umwandlung der Welt. Und, so paradox das klingen mag, die Menschen werden ihm zujubeln, sich ihm willig unterwerfen, ja – darauf könnte ich eine Wette abschließen – viele werden ihn sogar anbeten aufgrund seiner scheinbar magischen Fähigkeiten. Ein Grundtenor wird dann vorherrschend sein: Lieber ein Ende mit Schrecken, als ein Schrecken ohne Ende!

Kehren wir zu einer nüchternen Betrachtung zurück. Der Tag, an dem die Dritte Macht diesen Planeten übernehmen wird, ist nicht mehr fern. Trotzdem verbleiben uns, gerechnet vom Erscheinungsdatum dieses Buches, wahrscheinlich noch drei Jahre. Aus meiner Sicht genügend Zeit, um sich darauf vorzubereiten. Natürlich wünschte ich, das Verhängnis könnte noch einmal abgewendet werden, jedoch mir fehlt angesichts der in den letzten Jahren demonstrierten Unfähigkeit unserer

Politiker, die Probleme an der Wurzel anzupacken, ganz einfach der Glaube. So kommt es, wie es kommen muss.

Ich möchte zunächst andere sprechen lassen. Ihre Einschätzung der Lage soll uns zeigen, wo wir stehen und was wir zu erwarten haben. Zu diesem Zweck ist es unumgänglich, einige Sätze aus »Operation Tamacuari« an dieser Stelle noch einmal zu wiederholen. (3) Die genauen Quellennachweise können dort nachgeschlagen werden.

Zitat: Nachdem die zweite große Finanzkrise des Jahrtausends im Jahr 2008 durch eine konzertierte Aktion der Staaten und Notenbanken in ihren Auswirkungen scheinbar erfolgreich abgemildert werden konnte, erneuerten auf dem Höhepunkt der vermeintlichen Konsolidierungsphase im Jahr 2010 die Realisten unter den Wirtschaftsanalysten ihre skeptischen Prognosen über den weiteren zeitlichen Verlauf der in der Zwischenzeit in vielen Ländern auch realwirtschaftlich deutlich spürbaren ökonomischen Verwerfungen.

So zog Dennis J. Snower, der Chef des Kieler Instituts für Weltwirtschaft, eine ernüchternde Zwischenbilanz der Krise. »Die Triebkräfte des bisherigen Wirtschaftsaufschwungs hält der Ökonom für nicht nachhaltig. Seine These: Die Erholung steht auf tönernen Füßen ... Erhebliche Turbulenzen stehen uns noch bevor.« Wenn dem so ist, »... wie wird dann die weitere Entwicklung sein? ... ist es sinnvoll, **zwei Extremszenarien** zu skizzieren: **eines, in dem die Erholung noch eine Weile anhält, und eines, in dem sie in sich zusammenbricht.«** Das heißt im Klartext: Wie es auch kommt, der Zusammenbruch kann nicht aufgehalten werden, er ist lediglich eine Frage der Zeit!

Der gleiche Tenor war zu vernehmen von Thomas Mayer, dem Chefvolkswirt der Deutschen Bank: **»Wenn es dann noch mal kracht, haben wir in der Tat einen finalen Crash und unser Pulver bereits verschossen.«**

Der bekannte amerikanische Ökonom, Nouriel Roubini, der bereits im Jahr 2006 die letzte Finanzkrise vorausgesagt hatte, war der Ansicht, dass die nächste Krise viel schlimmere Auswirkungen haben würde. **Sogar die Weltwirtschaftskrise von 1929 soll dagegen harmlos gewesen sein.**

Und der wegen seiner treffsicheren Prognosen berühmte Finanzanalyst Robert Prechter nannte sogar ein Datum. »Er ist der Meinung,

**dass im Jahre 2016 der endgültige Zusammenbruch der Finanz-
märkte weltweit bevorsteht.«** Ende des Zitats.

Hier ist es erstmals nachzulesen – das Datum, an dem die Endzeit
ihrem Höhepunkt entgegenstreben wird, das Jahr 2016.

Seit der Niederschrift von »Operation Tamacuari« sind die Warner
nicht weniger geworden.

»Es droht eine teuflische Abwärtsspirale«, so überschrieb das *Handelsblatt* ein Interview mit dem bekannten Ökonomen und Buchautor
Fredmund Malik. Dieser sieht in der exorbitant wachsenden Verschuldung bei Haushalten, Unternehmen, Banken und letztlich den Staaten
die Ursache allen Übels. Schon Ende der 90er Jahre des letzten Jahrhunderts hätte das Volumen der reinen Finanzgeschäfte das 100- bis
1.000-fache dessen betragen, was die Realwirtschaft gebraucht hätte.
Und im nachfolgenden Jahrzehnt wäre alles noch viel schlimmer geworden. Damit spielt er auf die horrende Ausweitung der Geldmenge
an, wie sie als verfehltes Krisenmanagement seitdem von den Zentralbanken weltweit betrieben worden ist und die mehr als alles andere das
Grundübel des herrschenden Zinseszinssystems widerspiegelt. Eine
Trendumkehr ist nicht abzusehen, ganz im Gegenteil.

Malik prophezeit auf dem Höhepunkt der Krise für den Dow-Jones-
Index einen Wert von 1.000 Punkten, für den DAX von 500 Zählern.
Damit wären alle vertretbaren Beleihungsgrenzen für die als Sicherheit der Kredite dienenden Wertpapierportefeuilles gerissen. Die Folge
davon: Die vergebenen Darlehen müssten liquidiert werden. Entweder
die Darlehensnehmer würden im Zuge dieser Entwicklung ihr sonsti-
ges Vermögen auf die Banken übertragen oder im Falle, dass die For-
derungen nicht eingetrieben werden könnten, wären die Bankbilanzen
Makulatur. Die seit 2008 andauernde US-Immobilienkrise nimmt sich
im Vergleich zu dieser vorhergesagten Entwicklung eher wie die be-
rühmt berüchtigten Peanuts aus.

Malik weiter: »Ich erwarte eine Fortsetzung des Finanzmarktkollap-
ses. Falls nicht revolutionär neue Methoden eingesetzt werden, **wird
die Folge wahrscheinlich die größte deflationäre Depression der
Weltgeschichte sein.** ... Den **Tiefpunkt** erwarte ich **2015 oder 2016.**«
(108)

In die gleiche Kerbe schlugen im Frühjahr 2012 mit ihren Äußerungen die Strategen der Deutschen Bank: »Wenn sich diese impliziten Zahlungsausfälle in etwa als realistisch herausstellen, dann könnten die kommenden fünf Jahre im Hinblick auf Zahlungsausfälle von Unternehmen und Banken schlimmer werden als die vergangenen fünf Jahre.« (109) Auch hier wieder ein Verweis in Richtung auf den von mir prophezeiten zeitlichen Kulminationspunkt.

Mehr und mehr wird auch erkannt, dass die Auswirkungen dieses sich anbahnenden größten Wirtschaftscrashs der Weltgeschichte sich über die Ökonomie hinaus auf unsere ganze Gesellschaft erstrecken werden: »Eine wachsende Anzahl von renommierten US-Ökonomen warnt nicht nur vor einem sich abzeichnenden Zusammenbruch des globalen Geldsystems, sondern auch vor einem zeitgleichen Kollaps der Lebensmittel-, Wasser- und Energiesysteme. **Wenn die Finanzkrise in ihr Finale Furioso gehe, könnte die Zivilisation als solche ebenfalls von einem Untergang bedroht sein.** Darauf deuten Modellrechnungen hin, die nahezu alle wichtigen Ereignisse in die Kalkulationen mit einfließen lassen.

Für den ehemaligen Weltbank-Repräsentanten Richard Duncan habe die offizielle Staatsverschuldung der Vereinigten Staaten in Höhe von 16 Billionen Dollar bereits dazu geführt, das Land in eine Todesspirale zu stoßen. … Auch Laurence Kotlikoff, ehemaliger Berater von Ex-US-Präsident Ronald Reagan, teilt Duncans Ansicht.« (110)

Dem Ganzen die Krone aufsetzend wandten sich im Juli 2012 siebzehn europäische Wirtschaftsexperten mit einem dramatischen Appell an die Öffentlichkeit: »Europa steuert schlafwandelnd auf **eine Katastrophe von unabsehbaren Ausmaßen** zu.« (111) Nicht allein nur Europa, sondern die ganze Welt, müsste hinzugefügt werden.

Verlassen wir für einen Moment die Gegenwart und begeben uns auf einem imaginären Zeitstrahl drei Jahre in die Zukunft, direkt ins Jahr 2016.

Als Patrick Wender an diesem neblig-trüben Tag erwachte, spürte er sofort, dass heute etwas anders war als sonst. Zum einen hatte ihn die seltsame Unruhe, die ihn am Vortag in den frühen Abendstunden befallen hatte, noch nicht wieder losgelassen. Er fühlte darüber hinaus in seinem Inneren noch etwas weitaus Fremdartigeres, einen vorläufig noch absolut unbestimmbaren Drang ... ja, wozu eigentlich – er würde wohl abwarten müssen.

Vorerst begann er seinen üblichen Tagesablauf, der sich nicht von dem unterschied, was er seit nunmehr beinahe einem Jahr als morgendliches Pflichtprogramm hinter sich brachte. Als erstes überprüfte er die Sicherheitseinrichtungen an seiner Wohnungstür. Er lebte nun schon nicht in den großen urbanen Zentren, sondern in einer Kleinstadt, die auch vor dem großen wirtschaftlichen Zusammenbruch nicht als besonders reich gegolten hatte. Trotzdem verübten die marodierenden Banden, die es anfänglich nur auf die Banken abgesehen hatten, zunehmend auch Überfälle in seinem Wohnbezirk. Die vermeintlich Reichen waren dabei zuerst geschröpft worden. Die kleinen Angestellten, die Beamten, so wie er einer war, erfreuten sich erst in den letzten Monaten einer verstärkten Aufmerksamkeit der umherziehenden Kriminellen. Aber was heißt hier Kriminelle, dachte Patrick Wender – der Hunger macht alle gleich. Und Gesetzeshüter gab es auch schon eine Weile nicht mehr. Die hatten genug damit zu tun, ihre Familien mit allem Lebensnotwendigen zu versorgen.

Damit kam er, nachdem die Sicherheitsprüfung zu seiner Zufriedenheit ausgefallen war, zum zweiten Tagesordnungspunkt: Essen und Trinken. Die in den letzten Tagen eingetauschten Vorräte waren fast aufgebraucht. Er würde seine Wohnung heute verlassen müssen, um mit den wenigen ihm noch verbliebenen Silbermünzen, die er vor vier Jahren in weiser Voraussicht für umgerechnet knapp 30 Dollar das Stück erstanden hatte, seinen Lebensunterhalt zu fristen. Das konnte er beinahe wörtlich nehmen, denn die Frist, die ihm noch zum Überleben blieb, das spürte er, lief langsam ab.

Wenn sich nicht dauernd diese seltsame Stimme in seinem Unterbewusstsein bemerkbar machen würde ... Spontan fiel ihm ein, dass am heutigen Tag Wintersonnenwende sein müsste. Tatsächlich, heute war der 21. Dezember. Nun würde es wieder bergan gehen, so hatte seine Großmutter früher immer gesagt und damit die wieder länger werdenden Tage gemeint. Immerhin ein Lichtblick.

Begonnen hatte das ganze Elend vor zwei Jahren, unmittelbar nach den Weihnachtsfeiertagen des Jahres 2014. Damals funktionierte das Fernsehen noch. Auch die Zeitung lag früh wie gewohnt im Postkasten. Übereinstimmend brachten alle Medien in einer Art Sondermeldung die Ausrufung des Ausnahmezustandes. Dass sich in den Tagen zuvor etwas zusammengebraut hatte, war wohl auch dem Letzten klar geworden. Überrascht zeigten sich jedoch alle von der Plötzlichkeit und Radikalität der von der Regierung verkündeten Maßnahmen. Klangen die verwendeten Bezeichnungen für die angekündigten Härten auch auf eine bestimmte Art und Weise beruhigend – es wurde zum Beispiel von mehreren notwendigen Börsenfeiertagen gesprochen, und ein Feiertag ist doch normalerweise etwas Angenehmes, so ließen sich die Konsequenzen doch nicht wirklich verschleiern.

Verbunden mit dieser ersten Maßnahme schlossen auch die Bankschalter und die Geldautomaten stellten ihre Dienste ein. Sprunghaft schoss die Kriminalität in die Höhe. Der Versorgungskreislauf einer nach dem Just-in-Time-Prinzip funktionierenden Wirtschaft brach zusammen, nachdem die Banken die Kreditvergabe eingestellt und mit der Liquidierung bestehender Darlehen begonnen hatten. Ein von einer tobsüchtigen Menge in ihrer Verzweiflung ausgelöster Ansturm auf die Banken machte alles nur noch schlimmer. Dann brach ein Teil nach dem anderen aus der über lange Zeit immer wieder übertünchten, maroden Fassade des bestehenden Gesellschaftssystems. Die Regale der Supermärkte leerten sich innerhalb weniger Tage. Die Müllentsorgung kam zum Erliegen, als wilde Streiks, die von der Regierung per Notverordnung verboten worden waren, trotz aller Drohgebärden um sich griffen. Die Stromversorger stellten ihre Lieferungen ein. Tagelang war kein Trinkwasser mehr zu beziehen. Mit beängstigender Geschwindigkeit breiteten sich Krankheiten aus. Sporadisch flackerte das gewohnte Leben, meist angestoßen von Gewaltmaßnahmen der Behörden, wieder auf, um dann einer noch tieferen Hoffnungslosigkeit zu weichen.

Neben den Sicherheitskräften, die sich einer zunehmenden Bedrohung für Leib und Leben ausgesetzt sahen, erodierten mit rasender Geschwindigkeit auch alle anderen öffentlichen Einrichtungen. Der Ausnahmezustand, mit dem die Verhältnisse eigentlich hatten stabilisiert werden sollen, löste eine Dynamik destruktiver Kräfte innerhalb der Bevölkerung aus, der nichts mehr entgegengesetzt werden konnte.

Anarchie war an der Tagesordnung. Die Abwärtsspirale nahm ihren zunehmend beschleunigten Lauf.

Niemand hätte geahnt, dass zu einem Zeitpunkt, als die von einigen wenigen Medienkonzernen beherrschte öffentliche Meinung schon das Ende der mit dem Konkurs der Investmentbank Lehmann Brothers ausgelösten Finanzkrise verkündete, das kleine Griechenland sich als Sargnagel der europäischen Einheitswährung erweisen würde. Trotz massiver Stützungsmaßnahmen aller Art, bis hin zur mit allerlei Tricks erreichten gesamtschuldnerischen Haftung aller Euroländer, konnte die sich zuspitzende Euro-Krise in den Folgejahren immer weniger beherrscht werden, und am Ende gerieten auch die spanischen und italienischen Banken und Staatshaushalte in eine Situation, in der sie ihre Zahlungsunfähigkeit erklären mussten.

Die Vereinigten Staaten, von ihnen wohlgesinnten Ratingagenturen aus dem eigenen Land für längere Zeit aus dem Visier der Finanzmarktjongleure genommen, das chronisch defizitäre Großbritannien und das überwiegend bei seiner eigenen Bevölkerung verschuldete Japan setzten sich mit letztlich vergeblichen protektionistischen Maßnahmen nur wenig länger zur Wehr.

Der über Jahre hoffnungsvoll als neuer Motor der Weltwirtschaft gepriesene chinesische Wirtschaftsriese versuchte sich mit einer letzten Kraftanstrengung, durch schier unglaubliche, auf eine Stärkung der Binnenkonjunktur abzielende staatliche Interventionen, gegen das drohende Unheil wegbrechender Exportmärkte anzustemmen. Am Ende ging auch er bankrott. Im Land der Mitte schlug der schon zuvor nur mühsam aufrechterhaltene soziale Frieden in offene Rebellion um. Die rückständigen ländlichen Regionen kämpften gegen die sich bis dahin im Licht einer Scheinprosperität sonnenden großen Städte im Osten des Landes. Die Zahl der Toten in diesem Konflikt ließ sich nicht einmal schätzen. Sie musste in die Millionen gehen.

Ein Gutes freilich brachten diese Entwicklungen mit sich: Ein größerer, sich international auswirkender militärischer Konflikt konnte vermieden werden; mangels finanzieller Mittel der von ihren exorbitanten Schulden zerrütteten Staaten blieben die Waffen in den Depots.

Diese Ereignisse lagen aus der Sicht von Patrick Wender allerdings schon lange zurück. Der seit Monaten geführte tägliche Kampf ums Überleben, die mehr und mehr ausufernde Hoffnungslosigkeit hatten für ein neues Zeitgefühl gesorgt. Es war beinahe wie in Kindertagen, die Dramatik schnell wechselnder Zustände schien den Zeitablauf plötzlich auszudehnen. Das für die ersten Lebensjahre gleichfalls typische, unbeschwerte Lachen war im Gegensatz dazu jedoch zwischenzeitlich allen gründlich vergangen. Der absolute Tiefpunkt war erreicht.

Patrick Wender bemerkte jetzt wieder jenes beunruhigende Gefühl. Es schien sich von Minute zu Minute zu verstärken. Wenig später, die Zeiger seiner Uhr rückten gerade auf 11.40 Uhr, ließ er alles stehen und liegen. Die fremdartigen Eindrücke fingen an, ihn zu überwältigen. Wie er war, ohne seinen für die Temperaturen dieser Jahreszeit erforderlichen, schon reichlich verschlissenen Mantel und nicht eingedenk der an anderen Tagen in diesem Fall praktizierten Sicherheitsvorkehrungen, lief er auf die Straße.

Es war jetzt 11.44 Uhr. Da zerriss ein grelles Leuchten den Himmel. Magische Lichtsignale zuckten über das Firmament. Das fade Grau dieses Dezembertages wich den Manifestationen einer scheinbar überirdischen Macht, die lange im Verborgenen ausgeharrt hatte. In Patrick Wenders Kopf stellte sich unvermittelt eine vollkommene Klarheit aller seiner Gedanken ein. Er tat jetzt nur das, was seit seiner Kindheit in ihm als verschlüsselte Botschaft geruht hatte. Die Spuren seltsam diffuser Träume von damals realisierten sich von einem Moment auf den anderen zu einer deutlichen Handlungsanweisung. Er war aus seinem »Schlaf« erwacht.

(Anmerkung: Die Uhrzeit 11.44 Uhr MEZ ist am 21. Dezember 2016 der genaue Zeitpunkt der Wintersonnenwende.)

So oder ähnlich, liebe Leser, könnte das von mir erwartete Szenario aussehen. Für diejenigen unter ihnen, denen die Verlautbarungen der großen Medienkonzerne schon immer suspekt gewesen sind und die sich in den letzten Jahren alternativ dazu Informationen auch von unabhängiger Seite zu beschaffen wussten, wird diese Schilderung möglicher zukünftiger Ereignisse wahrscheinlich recht plausibel klingen. Was in Diskussionen, die ich führe, häufig in Zweifel gezogen wird, ist der kurze Zeitraum, in dem sich all das abspielen soll. Hierzu gebe ich folgendes zu bedenken: Wer hätte 1989 daran gedacht, dass sich der in seinen politischen, ökonomischen und militärischen Strukturen über Jahrzehnte monolithisch gebende kommunistische Ostblock innerhalb von nur wenigen Monaten auflösen könnte? Wer hätte die Geschwindigkeit für möglich gehalten, mit der im Jahr 2011 der »arabische Frühling« zur Umwandlung traditioneller Herrschaftssysteme in Nordafrika geführt hat?

Unsere globalisierte Gesellschaft ist im Unterschied zu früher heute so vernetzt, dass der geringste Auslöser eine schon im Keim angelegte Krise ausbrechen lassen kann – mit von den meisten Zeitgenossen ungeahnten Folgen. Die Schwierigkeiten einzelner Länder können sich zum Problemfall für das ganze System entwickeln. Vor allem dann, wenn dieses von einem einheitlichen Kraftstoff am Leben gehalten wird. Wir kommen damit zur alles beherrschenden Rolle unseres Papiergeldes. Nicht für umsonst gerieten die großen Zentralbanken in den letzten Jahren mehr und mehr in die Schlagzeilen. Deren hektisch anmutende Bemühungen richteten sich auf nichts anderes als auf den Erhalt unseres Papiergeldsystems, bei dessen Zusammenbruch unsere kapitalistische Wirtschaft auch nicht einen Tag länger existieren könnte. Zins und Zinseszins haben schon vor langer Zeit die Herrschaft angetreten. Alle maßgeblichen Entscheidungen in unserer Gesellschaft werden von diesem Renditedenken beeinflusst und treiben uns, wie ich in meinen Büchern nicht müde geworden bin zu betonen, dem Abgrund entgegen. Hier die Axt anzulegen, wäre notwendig. Das Gegenteil wird gemacht: Mit immer neuen Milliarden frisch gedruckten Geldes wird noch Öl ins Feuer geschüttet. Ein alles vernichtender Flächenbrand wird die Folge sein.

Meiner Einschätzung, dass im Jahr 2016 der Kulminationspunkt dieser verhängnisvollen Entwicklung erreicht sein wird, liegen in nicht unerheblichem Maße Handlungen der Europäischen Zentralbank aus der jüngsten Vergangenheit zugrunde. Wer sich intensiv mit Wirtschaftsthemen befasst, wird erkannt haben, dass Ende des Jahres 2011 der von der Euro-Zone ausgehende Zusammenbruch unseres Finanzsystems wieder einmal nur in letzter Minute verhindert werden konnte. Für drei Jahre bekamen Europas Banken von der EZB eine Rekordliquidität in Höhe von fast einer halben Billion Euro zu einem Zinssatz von nur einem Prozent ausgeliehen. Ziel war es, eine sich anbahnende Kreditklemme zu verhindern. (112) Ende Februar 2012 kamen noch einmal weitere 530 Milliarden Euro dazu.

Angesichts dieser unkonventionellen Maßnahme kam die Ratingagentur Fitch zu dem Schluss, dass der Zusammenbruch vieler Banken damit auf absehbare Zeit vielleicht hinausgezögert, jedoch am Ende nicht verhindert werden könne. (113) Oder wie ich mich verschiedentlich in meinen Büchern ausgedrückt habe: »Die Fallhöhe wird weiter angehoben.«

Der Tag der Wahrheit kommt spätestens dann, wenn diese Darlehen zurückgezahlt werden müssen, also zum Jahreswechsel 2014/2015. Eine solche Mammutaktion ist zum Fälligkeitszeitpunkt auch nicht so einfach zu wiederholen. Bis dahin werden sich die Probleme auf den Kapitalmärkten durch die finanzielle Situation Spaniens und Italiens – nicht zuletzt aber auch der anderen großen Industriestaaten weiter verschärft haben. Daran können auch die von mir erwarteten nächsten Schritte zur Systemstabilisierung, wie die totale Vergemeinschaftung der Staatsschulden in der Eurozone, die angestrebte europäische Bankenunion sowie weitere durch die Zentralbanken veranlasste Aufkaufprogramme von Staatsanleihen nichts ändern. Eine erneute Liquiditätsspritze für die Banken in einer Größenordnung von einer Billion Euro würde sprichwörtlich das Fass zum Überlaufen bringen. Eine weltweite Hyperinflation wäre die Folge.

Beschäftigen wir uns mit der Frage, ob nicht vielleicht gerade das beabsichtigt ist. Wäre also mit einer Hyperinflation (monatliche Preissteigerungsrate größer 50%) und der auf diese Weise erreichten schnellen Entschuldung eine Rettung des Systems verbunden? Auf keinen Fall. Zuerst einmal widerspricht eine globale (!) Hyperinflation grundsätzlich den Interessen der herrschenden Hochfinanz, sähe sich diese doch mit einem Schlag enteignet, weil ihre in der Vergangenheit vergebenen Darlehen im Wert gegen Null tendieren würden.

Zur Klarstellung: Eine auf einzelne Länder beschränkte Hyperinflation hat es natürlich schon oft gegeben. Diese zumeist von der Hochfinanz gesteuerten Ereignisse verfolgten den Zweck, die als Opfer auserkorenen Staaten umso nachhaltiger ausplündern zu können, was über eine starke Fremdwährung wie den Dollar früher leicht möglich war.

Aber auch die Politiker haben allen Grund, sich vor einer solchen Entwicklung zu fürchten, haben unter einer Hyperinflation doch alle, also 100% der potenziellen Wähler, zu leiden. Ihre Alternative, die »größte deflationäre Depression der Weltgeschichte«, wie der zitierte Fredmund Malik sie nennt, lässt zwar ein Millionenheer von Arbeitslosen entstehen, betrifft aber rein theoretisch wie in den frühen 30er Jahren des letzten Jahrhunderts vielleicht nur die Hälfte der Bevölkerung im wahlfähigen Alter. Das hat zur Konsequenz, dass sich die Politiker – vor die Entscheidung gestellt, welcher Kurs einzuschlagen ist, ob Inflation oder Deflation – nicht sonderlich schwer tun werden. Sie übersehen dabei freilich, dass wir es aufgrund der weltweit überbordenden Verschuldung mit einer noch nie dagewesenen Entwicklung zu tun haben, in der beide Szenarien zum gleichen Ergebnis führen. Am Ende steht der Untergang von Weltwirtschaft und Zivilisation.

Von einigen Wirtschaftstheoretikern wird eine von den Zentralbanken kontrollierte höhere Inflation in der Größenordnung von jährlich 5-10% zur Eindämmung der Schuldenkrise als möglicher Ausweg angesehen, gekoppelt an drastische Einsparmethoden bezüglich der überschuldeten Staatshaushalte. Eine Theorie, die nicht zu Ende gedacht ist: Inflation, so zeigen alle Erfahrungen, kann nicht über einen längeren Zeitraum in einem engen Korridor gesteuert werden. Sie wäre zudem, sobald eine entsprechende Absicht erkennbar würde, bei dem gegenwärtigen, schon länger anhaltenden Niedrigzinsniveau, verbunden mit einem sich nach kurzer Zeit abzeichnenden Anleihen-Crash, weil die Marktteilnehmer ihre schlecht verzinsten Wertpapiere alle auf einmal abstoßen wollten, um einen realen Wertverlust zu vermeiden.

Die gleichzeitig in den öffentlichen Haushalten zu veranlassende Sparpolitik, wie wir sie in ihren schrecklichen Konsequenzen gegenwärtig schon in den Staaten der südlichen Peripherie Europas erleben, würde das Wirtschaftswachstum nachhaltig abwürgen und in der Folge zu erheblichen Steuerausfällen führen. In Verbindung mit den durch die gesteuerte Inflation zwangsläufig höheren Zinsen hätte diese Entwicklung verheerende Auswirkungen auf die sowieso schon mit ihren überhöhten Schuldenständen kämpfenden Staaten.

Man sieht, dieser vermeintliche Ausweg endet letztlich genauso in einer deflationären Depression, wenn auch vielleicht etwas mehr Zeit dadurch gewonnen wird.

Würde der Regelmechanismus zur Feinsteuerung einer gewünschten Inflationsrate zuvor jedoch außer Kontrolle geraten, hätte das entgegen dem Willen von Hochfinanz und Politik zur Folge, dass sich eine Hyperinflation nicht länger vermeiden ließe. Sämtliche geschlossenen Wirtschaftsverträge wären sofort hinfällig. Es lohnte sich dann weder zu arbeiten, noch zu investieren. Das Geld verlöre von Tag zu Tag schneller an Wert.

Man sieht, es gibt keinen Ausweg für das etablierte Zinssystem – der Punkt, da eine Umkehr noch möglich war, ist längst überschritten. Die Auflösung des Wirtschafts- und Finanzsystems, egal in welchem Szenario, wird vollkommen sein.

Wir leben also tatsächlich in einem »System mit Verfallsdatum«, wie es der Autor Günter Hannich vor einigen Jahren so treffend bezeichnet hat. (114)

Und die Dritte Macht hat von Beginn an diesen Umstand bei ihren Zukunftsplanungen in Rechnung gestellt.

Ich möchte nochmals betonen: Die Frist für die den Banken zum Jahreswechsel 2011/2012 ausgereichten gewaltigen Darlehen endet Anfang 2015. Spätestens (!) zu diesem Zeitpunkt bricht nach meiner Prognose das Weltfinanzsystem zusammen. Auf den wirtschaftlichen Zusammenbruch folgt zwangsläufig die schrittweise Auflösung der gesellschaftlichen Ordnung. Bis sich die Verhältnisse soweit entwickelt haben, wie wir das aus der Sicht Patrick Wenders wahrgenommen haben, dürften dann allerdings noch einige Monate vergehen.

Das Jahr 2016 sehe ich als das eigentliche Wendejahr.

Ein anderes Ereignis könnte, wenn es zu diesem späten Zeitpunkt überhaupt noch stattfindet, 2016 für zusätzlichen Konfliktstoff sorgen.

In »Operation Tamacuari« hatte ich unter Bezugnahme auf die rätselhaften Vorkommen von Methan in der Marsatmosphäre festgestellt, dass sich dieses in Verbindung mit biologischen Prozessen auftretende Treibhausgas auf drei Regionen der Nordhalbkugel des Roten Planeten, Tharsis, Arabia Terrae und Elysium genannt, konzentriert. Gerade weil das Gas nur an drei separaten Stellen ausströmt, bin ich der Meinung, dass sich in deren unmittelbaren Nähe im Untergrund die Stützpunkte der Dritten Macht befinden.

Um die Methan-Anomalie auf dem Mars genauer untersuchen zu können, soll im Jahr 2016 der *ExoMars Trace Gas Orbiter* seine Arbeit aufnehmen. Ursprünglich als Gemeinschaftsprojekt von ESA und NASA geplant, wird es die Aufgabe des Spurengas-Suchers sein, mithilfe der Spektrometer und Kameras jene Orte oder geologischen Formationen genau zu bestimmen, an denen sich Methan bildet oder aus der Marsoberfläche austritt. (3) Anfang Februar 2012 wurde bekannt, dass sich die Amerikaner, vorgeblich aus Kostengründen, aus dem Projekt zurückgezogen haben. Deshalb hat die ESA sich Russland als neuen Kooperationspartner gesucht. (115) Damit sind freilich noch lange nicht alle Schwierigkeiten behoben, und es bleibt abzuwarten, ob und in welchem Umfang die geplante Mission überhaupt realisiert werden kann.

Im Unterschied zu dem am 6. August 2012 auf dem Mars gelandeten Rover *Curiosity*, der im Gale-Krater, weitab von den vermuteten Stützpunkten, nach den Spuren von Leben auf der Marsoberfläche suchen soll, und damit keine Gefahr für die Dritte Macht darstellt, könnte das für 2016 geplante Projekt einen Konflikt geradezu herausfordern. Oder wie ich in meinem letzten Buch geschrieben habe: »Sollte die Dritte Macht dann immer noch ihre Politik der strikten Geheimhaltung praktizieren, ist der Verlust der Sonde wohl schon heute vorprogrammiert.« (3) Anders ausgedrückt, eine bessere Gelegenheit, die Tarnung endgültig fallen zu lassen, gibt es nicht – und das im Jahr 2016!

2016 begeht die Dritte Macht auch ein Jubiläum. Es jährt sich zum 70. Mal der Beginn der ersten UFO-Welle der Nachkriegszeit. Auf den Tag genau ein Jahr nach der Verhaftung der letzten Reichsregierung unter Großadmiral Dönitz, am 23. Mai 1946, zeigten die Fluggeräte der Dritten Macht ihre Präsenz über dem Luftraum Skandinaviens. (1, Abb. 9) Wenn das für die Dritte Macht kein Anlass zum Feiern ist?!

Für mich ist nach allem ein Zweifel kaum mehr möglich – der »Tag X« wird sich im Jahr 2016 ereignen.

9.
DER TAMACUARI RUFT!

Endlich ist es soweit! Das war aber auch eine Geduldsprobe.

Ich hatte gehofft, wie in meinem letzten Buch angekündigt, schon im Herbst 2012 meine Reise ins Zentrum der Dritten Macht antreten zu können. Diese Erwartungen hatten sich ziemlich schnell zerschlagen, nachdem ich zur Kenntnis nehmen musste, dass der für das Gelingen alles entscheidende – mit gutem Grund bisher geheim gehaltene – Umstand kurzfristig zu scheitern drohte. Nunmehr sind jedoch alle Hindernisse beseitigt, die Freigabe ist erteilt und bis spätestens Herbst 2014 werde ich mein seit langem geplantes Vorhaben in die Tat umsetzen. In der danach beginnenden, die Endzeit 2016 einleitenden Phase wird dazu keine Möglichkeit mehr bestehen.

Hier schon einmal ein kurzer Ausblick auf das, was uns im Dschungel Amazoniens erwartet:
»In den nächsten Tagen und Wochen kamen unsere Buschmesser und unsere Armmuskeln nicht mehr zum Ausruhen. Meter um Meter hieben wir uns vorwärts, den ganzen langen, beschwerlichen Weg durch finstere Urwaldschluchten und Bambusdickichte und durch Wildwasser ... um über den etwa 40 Meter breiten, sehr reißenden Fluss zu kommen – und es waren bange Stunden, die viel Schweiß kosteten, bis wir endlich mithilfe eines Wurfankers, der von einer Spezialvorrichtung abgeschossen wurde, ein erstes Doppelseil am anderen Ufer hatten. An dieser ›Seilfähre‹ gesichert, können die ersten Leute und ein Bündel Macheten durch die reißenden Wasser schwimmen, ohne befürchten zu müssen, in den flussabwärts liegenden Stromschnellen für immer zu verschwinden. ...

Die Feuchtigkeit löscht jedes Geräusch aus. Kein Rascheln des Laubes mehr, kein Knacken irgendeines Astes! Lautlos – wie auf Gummi – schleicht man auf dem Pfad dahin, kriecht unter den Torbögen der Bambus-Dickichte durch, um plötzlich im Zwielicht von einer Schlange gestellt zu werden, die von oben herunter hängt. Das sind die gefährlichsten Augenblicke, denn Mensch und Tier handeln in solchen Momenten nur noch im Affekt. Beide schlagen zu – und es kommt nur darauf an, wer schneller ist: Die scharfen Zähne des Reptils, oder die scharf geschliffene Klinge der Machete. Die meisten Schlangen, die unseren Weg kreuzten, befanden sich nicht am Boden, sondern über uns in den Bäumen oder zumindest neben uns in Augen- oder Schulterhöhe, und der Gedanke, aus dieser für das Tier so bequemen Angriffsstellung heraus in den Kopf oder die Halsschlagader gebissen zu werden, wirkt nicht gerade nervenberuhigend. ...

Der Vorausgehende muss ständig auf der Hut sein und die Augen eigentlich gleichzeitig am Boden, auf beiden Seiten und in der Höhe haben. Dieses lauernde, langsame Vorwärtsschreiten über meterdicke Laub- und Humuspolster – wie auf einer Sprungfedermatratze – immer wieder durchbrechend und sich dann hochrappelnd – jeden Augenblick gewärtig, während die Füße unten in einem Hohlraum baumeln, der genauso gut ein Schlangennest sein kann, gebissen zu werden, das ist eine aufregende, aufreibende und kraftraubende Angelegenheit.

Nach Tagen mühseligen Vorwärtsschreitens in lähmender Hitze und Feuchtigkeit – immer der Kompassnadel nach – ist unser schmaler Urwaldpfad vom Fluss weg am jenseitigen Berghang hinauf und über einen langen Höhenrücken vorgetrieben worden, bis eine mächtige Felswand uns den Weiterweg versperrt. Ein kleiner Sturzbach tost hernieder. Hier schlagen wir unser Basislager auf und ziehen die Bilanz der vergangenen Woche: 500 Meter pro Tag sind wir im Durchschnitt vorangekommen.« (116)

Ich persönlich weilte bisher bei drei Gelegenheiten für längere Zeit in Dschungelgebieten und finde, dass keiner die besondere Atmosphäre und die zu erleidenden Strapazen so gut beschreiben kann, wie der von mir hoch verehrte Forscher, Bergsteiger und Kameramann Hans Ertl (1908-2000), aus dessen Bericht zur »Paititi-Expedition« ich zitierte.

Nun hoffe ich, dass in dem von uns gewählten Zeitraum die Wasserstände der zu befahrenden Flüsse hoch genug sind, um von dem Städtchen Barcelos aus möglichst weit mit dem Boot in Richtung »Teufelsgebirge«, wie die Tamacuari-Region auch genannt wird, voran zu kommen. In den Höhenlagen der Serra do Tapirapeco werden wir uns vergleichsweise gut bewegen können. Am schwierigsten zu bewältigen sein wird die Strecke von dem Punkt an, wo wir mit Gepäck zu Fuß durch flaches Terrain den Urwald durchqueren müssen, bis schließlich eine »mächtige Felswand uns den Weiterweg versperrt«. Diese Kilometer weisen in etwa solche Bedingungen auf, wie sie Hans Ertl beschrieben hat. Dort entscheidet sich das Schicksal der Expedition. Ein Marschtempo, wie oben erwähnt, können wir uns mit Rücksicht auf unseren Zeitplan und die mitzunehmende Menge an Verpflegung nicht leisten.

Mit Blick auf diese möglichen Schwierigkeiten wurde von einem der potenziellen Expeditionsteilnehmer eine andere Variante des Fortkommens zur Diskussion gestellt: »Lasst uns doch einfach mit dem Hubschrauber ins Tamacuari-Gebiet fliegen. Wir können uns dort absetzen lassen und aufgrund des somit erzielten Zeitgewinns gründlich, vor allem aber körperlich unverbraucht die Mission zu einem erfolgreichen Ende führen. Der Hubschrauber wartet zwischenzeitlich auf einem sicheren Standplatz, der sich im Gebirge doch wohl finden lassen wird.« Warum wir bloß nicht gleich darauf gekommen sind!

Hektisch wurden noch am gleichen Abend unsere Kontakte in Brasilien mit Fragen zur Umsetzbarkeit dieses »Königsweges«, wie wir ihn nannten, bombardiert. Die Ernüchterung kam schnell und gründlich. Normalerweise würde niemand das Risiko eingehen, an den Behörden und dem Militär vorbei, ein solches Unternehmen durchzuführen. Allerdings hätte sich ein von unseren Gewährsmännern vor Ort für leicht »verrückt« erklärter Lokalpolitiker bereit gefunden, uns an den gewünschten Ort zu transportieren. Die Kosten pro Flugstunde seien mit 2.000 Dollar zu veranschlagen. Eine Strecke zurückzulegen würde ca. drei Stunden dauern. Der Pilot könne allerdings wegen der nicht vorhandenen sicheren Landeplätze und mit Rücksicht auf die für diese Region typischen Wetterunbilden, wie Tropenstürme, länger andauernder Starkregen und damit verbundene Erdrutsche nicht auf uns warten, würde also zurückfliegen und auf unsere Anforderung hin den Weg zur späteren Abholung noch einmal machen.

Die Kosten beliefen sich damit bei insgesamt zwölf zu kalkulierenden Flugstunden auf 24.000 Dollar, eine Größenordnung, die unser vorhandenes Budget strapaziert. Etwas anderes hielt uns darüber hinaus davon ab, weiter mit dieser Transportvariante zu spekulieren. Mit hoher Wahrscheinlichkeit, so die Aussage unserer Kontaktleute, wäre eine sichere Landung des Hubschraubers gar nicht möglich. Das würde bedeuten, wir müssten an Seilwinden herabgelassen werden, was uns nicht weiter abgeschreckt hätte – jedoch, die Wiederaufnahme dürfte sich dann auf jeden Fall zum Problem entwickeln und sei nach der Art ihrer Durchführung völlig ungeklärt.

Das war's dann wohl. Man bekommt eben nichts geschenkt auf dieser Welt, lautete angesichts dieser entmutigenden Tatsachen unser etwas wehleidiges Resümee. Einige Wochen später sollten wir dann feststellen, welche weise Entscheidung wir getroffen hatten, als wir uns gegen die Hubschrauber-Variante entschieden.

Damit blieb es für uns bei der Wegstrecke, die ich schon in »Operation Tamacuari« offengelegt hatte. (3) Nur in einem Punkt haben wir den ursprünglichen Plan revidiert: Die Besteigung des 2.340 Meter hohen Pico Tamacuari wurde als nicht durchführbar eingeschätzt. Nachdem wir erstmalig Bilder des Berges zu Gesicht bekommen hatten, wurde uns klar, dass wir vor unüberwindlichen Schwierigkeiten stehen würden, selbst wenn einige von uns über bergsteigerische Erfahrungen verfügten. Seine konisch zulaufende Spitze wächst mit beeindruckender Steilheit 800 Meter aus dem ansonsten dschungelbedeckten Bergmassiv empor. Die Seitenwände sind unbewachsen und mit zahllosen Rinnsalen bedeckt, damit glitschig und ohne die Möglichkeit, beim Aufstieg die erforderlichen Sicherungen anzubringen. (Abb. 10 und 11)

Aus heutiger Sicht besteht für die Besteigung des Berges auch keine zwingende Notwendigkeit mehr; eine ausreichende Orientierung mithilfe der vorhandenen topografischen Karten ist gewährleistet. Dank dem brasilianischen Militär, das alle Regionen des Landes in den Jahren zwischen 1970 und 1985 im Rahmen des Projektes *RADAMBrasil* mit Radar erfasst und vermessen hat.

Ein letztes für den erfolgreichen Ausgang unseres Unternehmens mögliches Hindernis blieb noch zu berücksichtigen. Ich habe bisher noch nicht darüber berichtet, obwohl ich mir frühzeitig klar darüber geworden bin, dass die versuchte Überquerung dieser Stelle bisher für alle anderen Expeditionen zum Fanal des Scheiterns geworden ist. Ich bezeichne aus diesem Grund den betreffenden Ort meinen Gefährten gegenüber auch gern als »Falle«. Mit großer Wahrscheinlichkeit befindet sich hier so etwas wie ein Vorposten der Dritten Macht. Seine geografischen Gegebenheiten lassen ihn bestens für eine »Einlasskontrolle« ins Gebiet des Hauptquartiers geeignet sein. Es handelt sich bei ihm um den markanten Punkt, den ich auf der in »Operation Tamacuari« abgedruckten Übersichtskarte mit der Zahl »4« nummeriert habe, eine Darstellung, die zum besseren Verständnis auch in diesem Buch noch einmal wiedergegeben werden soll. (Abb. 12)

Der Rio Castanho, auf dem wir bis in die unmittelbare Nähe der »Pyramiden« vordringen wollen – dazu später mehr – schlängelt sich dabei durch einige Höhenzüge hindurch, die sowohl links, wie auch rechts von ihm 250 bis 300 Meter aufragen und für potenzielle Bewacher einen hervorragenden Überblick über die gesamte Region bieten. Auch die Einrichtung gegen neugierige Blicke aus der Luft geschützter Unterstände, ja regelrechter Bunker, ist wahrscheinlich, denkt man daran, wie überraschend die Wächter an diesem Engpass bei anderer Gelegenheit aufgetaucht sind.

Ich erinnere in diesem Zusammenhang an das schon in der Vergangenheit geschilderte Erlebnis des Schweizers Ferdinand Schmids, der Ende der 70er und Anfang der 80er Jahre des letzten Jahrhunderts gemeinsam mit Tatunca Nara (Günther Hauck) insgesamt acht Expeditionen ins Grenzgebiet zwischen Brasilien und Venezuela unternommen hat. Den Berichten Schmids ist zu entnehmen, dass eine der Reisen direkt an der fraglichen Stelle abgebrochen werden musste, nachdem plötzlich ein deutsch (!) sprechender Fremder aufgetaucht war, der sein Veto gegen ein weiteres Vordringen einlegte. Als Erklärung tischte Tatunca Schmid eine kaum glaubhafte Frauengeschichte auf, die ihn angeblich zur Umkehr zwingen würde. (2,117)

Bei einem anderen Vorstoß beendete wiederum ein unerwarteter Zwischenfall am von mir genannten Ort alle weiteren Ambitionen. Die beiden Männer erwachten in der Dämmerung bei Tagesanbruch durch Schüsse. Tatunca machte sich auf, um die Ursache festzustellen. Plötzlich kehrte er zurück und rief: »Nimm die Sachen weg, renn zum Boot, wir werden überfallen.« Wer den vermeintlichen Überfall durchgeführt hatte, konnte oder wollte auch Tatunca nicht feststellen. Meiner Meinung nach diente diese Aktion nur der Abschreckung und sollte die beiden Männer zur Flucht veranlassen. O-Ton Schmid: »Dass Schüsse fielen, weiß ich. Und da waren wir noch zusammen im Lager.« (117) Bedeutet, Tatunca, wie verschiedentlich behauptet, kann es nicht gewesen sein.

Am Abend zuvor war ihnen schon ein anderes grausiges Erlebnis widerfahren. Sie fanden die Hängematte des Amerikaners John Reed, der seit Ende des Jahres 1980 als vermisst galt. Reed hatte sich von Tatunca getrennt und war allein aufgebrochen, um »den Spuren der Fliegenden Untertassen nachzugehen«. (117) Sehr viel weiter ist er demnach nicht gekommen. Für diese Eigenmächtigkeit hat er, wenn nicht mit seinem Leben, so doch zumindest mit dem Verlust seiner Freiheit bezahlt.

Fazit: Keine der Expeditionen unter Führung Tatunca Naras ist jemals über den von mir vermuteten Vorposten der Dritten Macht hinausgelangt. Von späteren Versuchen ist mir nichts bekannt. Unmittelbar nach den geschilderten Erlebnissen von Schmid und Tatunca sperrte die Indianerschutzbehörde FUNAI den Zugang ins Gebiet. Fraglos kann der von mir als »Falle« bezeichnete Ort auch uns zum Verhängnis werden.

Wenn einige jetzt auch verständnislos mit dem Kopf schütteln werden, so bin ich doch der unerschütterlichen Ansicht, dass wir nach über 30 Jahren die ersten sein werden, die den Vorposten der Dritten Macht nicht nur erreichen, sondern ihn auch ohne Zwischenfälle überschreiten, um nach wenigen Kilometern endlich Gewissheit darüber zu erhalten, was es mit den oben erwähnten »Pyramiden« auf sich hat.

Tatunca war der erste, der über sie berichtet hat. Andere, darunter auch Schmid, Reed, der deutsche Journalist Karl Brugger sowie der Brasilianer Brandao, haben sie in Begleitung Tatuncas später aus der Ferne ebenfalls zu Gesicht bekommen. Und zwar genau von der Höhe jenes Punktes, an dem die Expeditionen später ihr jeweiliges Ende finden sollten. Die Abbildung 13 lässt sie am linken Bildrand schemenhaft erkennen. Bei dem Schnappschuss, der im Vordergrund Tatunca zeigt, handelt es sich, darauf deutet anderes Bildmaterial hin, anscheinend um eine Polaroidaufnahme, die John Reed gemacht und vor ihrer Trennung Tatunca ausgehändigt hat.

Auch Ferdinand Schmid konnte die »Pyramiden« fotografieren: »An dem Punkt angelangt, unterhalb des größeren Wasserfalls, an dem bereits unser altes Camp bestand, haben wir nach 20 Minuten Buschmarsch vor der Felswand gestanden, die es zu erklimmen galt. Wir erreichten den höchsten Punkt, der mit vielen Kaktusarten bewachsen war und eine grandiose Übersicht nach Westen bot. Von hier aus konnte ich die drei Pyramiden und den daneben stehenden Hügelzug mit der alten Akahim-Ruine auf Film bannen.« (118)
Leider gingen die Aufnahmen Schmids für die Nachwelt verloren, als während der Rückreise nach Barcelos das Boot mit Schmid und Tatunca über einen Wasserfall stürzte.

Einen Aspekt der zitierten Aussage Ferdinand Schmids möchte ich noch einmal hervorheben. Neben den »Pyramiden« will er auf einem »Hügelzug« die alte Akahim-Ruine gesehen haben. Akahim ist nur ein anderer Ausdruck für die materiellen Hinterlassenschaften jener »fliegenden Götter«, deren Schicksal mein Autorenkollege Mathias Kappel in unserem Gemeinschaftswerk »Götterwagen und Flugscheiben« nachgezeichnet hat. Alle hierzu überlieferten Berichte deuten darauf hin, dass sich die Überreste dieser untergegangenen Hochkultur nur in der Tamacuari-Region befinden können. (2) Auf dem Kartenausschnitt in Abbildung 13 sind die Ruinen unter dem sie überwuchernden Dschungel gerade noch so zu erkennen. Sie befinden sich tatsächlich, wie Ferdinand Schmid behauptet hat, direkt neben den »Pyramiden«.

Ob es sich bei den Letzteren tatsächlich um von der alten Hochkultur errichtete Bauwerke – und sei es nur um künstlich veränderte natürliche Formationen –, um ein missverständliches Spiel von Licht und Schatten oder um eine Laune der Natur handelt, werden wir demnächst herausfinden. Ohne mich endgültig festlegen zu wollen, wage ich doch zu behaupten, dass die reale Existenz einer Ruinenstätte mit einer Ausdehnung von ca. fünf Kilometer in der Länge und 1.000 Meter in der Breite, wie sie die wiedergegebene topografische Karte andeutet, auch eine künstliche Beschaffenheit der »Pyramiden« wahrscheinlich macht. Wenn dem so wäre, stünden wir vor einer Jahrhundertentdeckung.

Es existieren noch bedeutend bessere Aufnahmen von diesen gewaltigen Gebilden, deren Höhe immerhin auf bis zu 200 Meter geschätzt wird, als die in Abbildung 13 gezeigte.
    Der brasilianische Hobby-Archäologe Brandao hatte, nachdem er in Begleitung von Schmid und Tatunca auf die »Pyramiden« aufmerksam geworden war, wenig später seine eigene Expedition ausgerichtet. Über einen links vom Rio Castanho gelegenen Fluss gelang es ihm und seinen Begleitern bis auf wenige Kilometer an die Formationen heranzukommen. Dann versperrte undurchdringlicher Dschungel den Weiterweg, und sie mussten vor Erschöpfung aufgeben. Immerhin konnten auch sie aus der Ferne ein Bild schießen, auf dem die Pyramidenform wiederum deutlich zu erkennen ist. (118,119, Abb. 14)

Die angesehene brasilianische Zeitschrift VEJA berichtete im Jahr 1979 ausführlich über das Wettrennen zu den »Pyramiden«, in dem letztendlich alle Parteien, sowohl die Tatuncas, als auch die Brandaos zum Scheitern verurteilt gewesen sind. Brandao ließ jedoch nicht locker und konnte die brasilianischen Behörden davon überzeugen, dass hier eine Angelegenheit von nationaler Bedeutung vorlag. Gemeinsam mit einem brasilianischen Journalisten erhielt er die Genehmigung, sich aus der Luft den umstrittenen Bauwerken zu nähern. Dabei gelangen ihnen faszinierende Aufnahmen, die jedoch die Frage nach dem Ursprung nicht zweifelsfrei klären konnten, da die dichte Vegetation, welche die drei Erhebungen überwuchert, eine genauere Untersuchung verhindert hatte. (Abb. 15 und 16)

»Die Hügel haben eigentlich klar definierte Grate, und der mittlere zeigt sogar vier ausgeprägte Flächen«, so Brandao nach seiner Rückkehr. Ein befragter Geologe wies trotzdem auf eine mögliche geologische Entstehungsursache hin. (119)

Im VEJA-Artikel wird auch Bezug benommen auf andere Aussagen, die nachdenklich stimmen und das Pendel eher in Richtung des künstlichen Ursprungs ausschlagen lassen: »Es gibt außerdem Berichte von Piloten, die die Region überflogen haben und behaupten, Gebilde, die an Ruinen und Höhlen erinnern, hinter dem Gurupira-Gebirge gesehen zu haben.« Der genannte Gebirgszug ist die Fortsetzung der Serra do Tapirapeco. Die Grenzen sind hier fließend. Aus östlicher Richtung kommend, hätten die Flieger die behaupteten Bauwerke dann tatsächlich »dahinter« gesehen.

Von besonderem Interesse ist in diesem Zusammenhang die Erwähnung von Höhlen. Mathias Kappel und ich haben nie etwas anderes behauptet, als dass die oberirdischen Überreste jener alten Hochkultur in Trümmern liegen, die bis heute Überlebenden sich jedoch in die unterirdischen Refugien zurückgezogen haben.

Der von VEJA befragte Geologe nahm zu seiner Verblüffung bei der genaueren Betrachtung der Bilder eine Besonderheit wahr, die ein weiteres Indiz dafür sein könnte, dass es sich doch um von Menschen bearbeitete Formationen handeln könnte, die nicht gar so verlassen sind, wie sie auf den ersten Blick scheinen: »Der Geograf war erstaunt, als er eine Lichtung neben einer der angeblichen Pyramiden sah. Das könnte nämlich als Anzeichen für menschliches Leben an diesem Ort interpretiert werden.« (119) Kurzum, bis spätestens Ende 2014 werden wir Bescheid wissen.

In der Vergangenheit hatte ich mir immer wieder die Frage gestellt, ob nicht seitens der Behörden Brasiliens oder Venezuelas in den letzten Jahren Anstrengungen unternommen worden sind, das uns interessierende Gebiet zu erforschen. Ich konnte zwei Hinweise für solche Bemühungen ausfindig machen. Im Jahr 2005 wurde über eine Unternehmung brasilianischer Zoologen berichtet, die ein Jahr zuvor am Südhang des Pico Tamacuari auf 350 Meter Höhe ein Basislager errichtet hatten, von dem aus seltene Tier- und Pflanzenarten gesammelt werden sollten. Dabei scheint es sich eher um ein personell und örtlich sehr begrenztes »Stoßtruppunternehmen« gehandelt zu haben, über das außer einem kurzen Bericht über die von den Zoologen in ihrem Fachgebiet gemachten Entdeckungen nichts weiter bekannt geworden ist. (2,120)

Als bedeutsamer gilt eine groß angelegte Forschungsexpedition auf der venezolanischen Seite der Serra do Tapirapeco einzuschätzen, über die ich in »Götterwagen und Flugscheiben« berichtet hatte. Diese fand 1989 über 89 Tage in einem Gebiet von 9.000 Quadratkilometern statt. An ihr beteiligten sich 126 Personen, davon 55 Wissenschaftler. Zahllose neue Tier- und Pflanzenarten wurden gesammelt. Gefährdet wurde das Unternehmen durch eine Malariaepidemie, der 101 Yanomami-Indianer zum Opfer fielen. Von den Teilnehmern der Expedition wurden 40 infiziert, zwei davon schwer. (2, 121)

In der Zwischenzeit konnte ich herausfinden, in welchem Ausmaß die Tamacuari-Region von diesem Vorstoß der Wissenschaftler betroffen gewesen ist. Demnach handelte es sich auch in diesem Fall nur um einen sehr kurzen »Eingriff« in die sonstige Unberührtheit des Gebietes. Sechs Wissenschaftler benötigten lediglich sieben Tage, um die ihnen gestellten Aufgaben zu erfüllen. Kurz vor ihrer Ankunft waren am Nordhang des Pico Tamacuari vom Helikopter aus zwei Hubschrauberlandeplätze freigelegt worden, da nach Meinung der an der Expedition Beteiligten »keinerlei Pfade jemals in die höheren Bereiche der Serra do Tapirapeco gebahnt worden sind« und überhaupt »nur sehr wenig bisher über dieses Gebirge publiziert« und damit auch bekannt geworden ist. (122) Die beteiligten Botaniker, Zoologen und Virologen erledigten ihre Arbeiten in einer Region an der Nordseite des Berges und konzentrierten sich dabei auf ein kleines Seitental. Insofern stellten sie zu keiner Zeit eine Gefahr für das Hauptquartier der Dritten Macht dar, da dieses nach meiner Ansicht zum allergrößten Teil auf der brasilianischen Seite des Gebirges und zudem gänzlich unterirdisch angelegt ist. Von daher blieben die Forscher auch unbehelligt.

Ein Erlebnis, von dem die Wissenschaftler berichteten, ist unbedingt erwähnenswert, weil es ein Hinweis dafür sein könnte, dass die Dritte Macht hinsichtlich der verschiedenen Eindringlinge differenziert und in der Konsequenz voneinander abweichende Maßnahmen trifft. Am 13. März 1989 wurden sie Zeugen davon, wie in ihrer unmittelbaren Nähe ein von der brasilianischen Seite kommendes Kleinflugzeug abstürzte. (Abb. 17) Drei Tage später wurden die Toten von einer brasilianischen Hubschrauberbesatzung geborgen. Die Forscher fanden es seltsam, dass sie akustisch von dem Absturz nichts wahrgenommen hatten, war doch die Bergungsmannschaft auf die geringe Entfernung gut zu hören. (122)

War das aus Brasilien kommende Flugzeug im Unterschied zu den Wissenschaftlern aus Venezuela von der Dritten Macht als potenzieller Eindringling, vielleicht als Spionageflugzeug identifiziert worden, dessen Besatzung sich angesichts der auf der anderen Seite der Grenze vorhandenen Augenzeugen in falscher Sicherheit gewogen hatte? Denkbar erscheint das schon, zumal auch der merkwürdige Umstand der Geräuschlosigkeit des Absturzes zu Fragen Anlass gibt.

Ich denke, jetzt wird auch verständlich, warum wir unseren Beschluss, auf die Hubschrauber-Variante zu verzichten, im Nachhinein als weise Entscheidung bezeichnet haben.

An einem Tag im Frühjahr 2012 übermittelte mir ein guter Bekannter per E-Mail eine Nachricht, die mich für kurze Zeit daran zweifeln ließ, ob wir für unser Vorhaben überhaupt den richtigen Zielort ausgewählt hatten. Ein Spanier, der schon seit vielen Jahren zu den Geheimnissen des Dritten Reiches recherchiert, hatte von einer brasilianischen Quelle eine Information erhalten, die sich in der Zusammenfassung wie folgt liest:

»Das von Dir betrachtete Gebiet ist interessant, noch interessanter aber ist ein Areal 300 bis 400 Kilometer nördlich davon, das, wenn ich es recht verstanden habe, Ventuari heißt. Dort wurden vielfach seltsame Lichter gesehen, diese fliegen – wie die Indios berichten – in Hügel hinein und auch wieder aus ihnen heraus. Das geht schon seit Jahrzehnten so. In dem betreffenden Sektor gibt es auch Gerüchte über einen ›wilden Menschen‹. Die Indios betreten das Gebiet nicht. Sie haben Angst und zudem haben es ihnen die Schamanen verboten. Möglicherweise ist das Letztere auch eine gezielte Desinformation, um Menschen fernzuhalten.«

Was ist von dieser Information zu halten? Eine etwas mehr als halbstündige Internetrecherche brachte Klarheit. Ich brauchte bloß »Ventuari« bei Google einzugeben, um festzustellen, dass es sich dabei nur um den Rio Ventuari im Süden Venezuelas handeln konnte. Erweiterte ich die Suchanfrage und gab zusätzlich die Begriffe »Cave« und »UFO« ein, erschien der Verweis auf den Beitrag eines B. Alan Walton, überschrieben mit »Cave and tunnel entrances of South America«. Darin wurde Bezug genommen auf einen Abschnitt aus dem Buch von Robert Charroux, das unter dem Titel »The Mysteries of the Andes« bekannt geworden ist. Wenn ich nachfolgend daraus zitiere, wird man unschwer die Originalversion der mir übermittelten Nachricht erkennen:

»Möglicherweise handelt es sich bei der Entdeckung, die der venezolanische Pilot Harry Gibson 1964 vom Flugzeug aus am Grunde zweier Krater zwischen der Sierra Maigualida und dem Orinoco machte, um eben dieses amerikanische Agartha: eine seltsame Geschichte … würde sie nicht von zwei echten Archäologen, David Nott aus Liverpool und Charles Brewer Carias aus Caracas, ernst genommen. Die in der Nähe der Caura- und Ventuariquellen … gelegenen Vulkane sind seit Jahrtausenden, wenn nicht Jahrmillionen erloschen, weshalb sich Geologen, Archäologen und Botaniker hier Aufschluss über eine längst von der Erdoberfläche verschwundene Flora und Fauna erhofften. Tatsächlich brachten drei Mitglieder der Expedition, die im Januar 1974 in einen der beiden ca. 300 Meter tiefen und 400 Meter breiten Krater abgestiegen waren, viele unbekannte Pflanzenarten sowie seit dem Erdmittelalter ausgestorbene Tiere mit. Im Übrigen sind die beiden Krater durch einen 1.500 Meter langen Gang miteinander verbunden, der unbewiesenen Gerüchten zufolge angeblich heute noch benutzt werden soll.« (49)

Private Forscher, die hinter den Entdeckungen eine Sensation witterten, hätten Verbindungen zu den im fraglichen Gebiet wohnenden Indios herstellen können und die erstaunlichsten Geschichten zu hören bekommen:
Demnach ließen sich im Wald von Zeit zu Zeit seltsam aussehende, sonderbar gekleidete Menschen blicken, die eine Begegnung meiden und sich vorsichtshalber in der Nähe der Krater aufzuhalten scheinen. »Ihre Haut hat die Farbe von vergilbtem Elfenbein; ihre Augen glei-

chen denen von Jaguaren, ihr langes Haar ist verschiedenfarbig. ...
Nach allem, was wir wissen, leben sie auf dem Grund der Krater in
riesigen unterirdischen Sälen, deren geheime, unbekannte Ausgänge
irgendwo im Wald münden.« Weiterhin soll ein dauernder Kontakt
zwischen diesen Wesen aus dem »Königreich der zwei Krater« und
Wesen aus dem All etabliert worden sein. Manchmal wäre ein »kleines rundes Flugzeug« zu beobachten, das, aus der Finsternis kommend,
in das grüne Halbdunkel eintaucht und im Vulkan verschwindet. (49)

Über verschiedene Querverweise im Internet ließ sich schnell der Kern
der Story herausschälen. Bei dem Berg mit den zwei vermeintlichen
Kratern handelt es sich um den Sarisarinama-Tepui. Dieser befindet
sich im Quellgebiet des Rio Ventuari und damit tatsächlich etwa 400
Kilometer nördlich des Pico Tamacuari. Die vom Piloten Harry Gibson
1964 aus der Luft entdeckten Löcher sind keine Vulkankrater, sondern als
Schachthöhlen bezeichnete Einsturzlöcher mit mehrere hundert Meter
senkrecht abfallenden Wänden. (Abb. 18) Die erste Landung auf dem
Tepui gelang William Henry Phelps im März 1967. Die erste gründli-
che Erforschung der Schachthöhlen fand Anfang des Jahres 1974 unter
Leitung von Charles Brewer-Carias unter Teilnahme von Wissenschaftlern verschiedener Fachdisziplinen statt. (123) Sie entdeckten
ein einzigartiges Ökosystem mit zahlreichen endemischen Tier- und
Pflanzenarten. Der Journalist David Nott hat später ein Buch über den
Verlauf dieser Expedition geschrieben. (124) Schon zwei Jahre später
untersuchten Wissenschaftler aus Polen und Venezuela die Höhlen erneut. (125) Es besteht demnach kein Grund, in den zweifelsohne gigantischen Einsturzlöchern noch irgendwelche Geheimnisse zu
vermuten.

Trotzdem geben einige der von den Indios getroffenen Aussagen Anlass zum Nachdenken, sind aus ihnen doch Sachverhalte ersichtlich,
die wir so und nicht anders im Tamacuari-Gebiet vermuten. Es ist nicht
unbedingt erforderlich, dass die Indios aus der Region des Sarisarinama-Tepuis selbst Augenzeugen der geschilderten Vorgänge geworden sind. Vielleicht haben sie alles nur vom Hörensagen kennen ge-
lernt. Die Übermittler der Nachricht wären dann in den seltsamen
Fremden zu suchen, die »von Zeit zu Zeit« auftauchen, was bedeutet,
dass sie nicht dauerhaft im Gebiet anwesend sind.
»Ihre Haut hat die Farbe von vergilbtem Elfenbein«, was sie für die

Indios ungewöhnlich hell erscheinen lassen musste. »Ihr langes Haar ist verschiedenfarbig«, also nicht nur im für die Einheimischen gewohnten schwarzen Farbton gehalten, d.h. unter ihnen könnten sich demnach auch braun-, blond- bzw. rothaarige Menschen befunden haben. Worauf will ich hinaus? Die Fremden dürften ihrem äußeren Erscheinungsbild den letzten Vertretern der »fliegenden Götter«, jener alten Hochkultur, die ich in diesem Buch schon verschiedentlich erwähnt habe, zuzurechnen sein. Ihr Refugium wurde von uns beim Pico Tamacuari verortet.

Und was hat es mit ihrer ungewöhnlichen Augenfarbe auf sich, die der von Jaguaren gleichen soll? Die Augen der Jaguare sind hell mit einem grünlichen Schimmer. Helle Augen müssen den Indios fremdartig erschienen sein, weil sie in diesen Breiten normalerweise bei der alteingesessenen Bevölkerung nicht vorkommen. Eine grüne Augenfarbe deutet darauf hin, dass die Vorfahren dieser Menschen blau- (!) und braunäugig gewesen sein müssen – ein weiteres Indiz für die von uns behauptete Abstammung der ehemaligen Kulturbringer aus dem Norden Europas.

Einen interessanten Umstand möchte ich in diesem Zusammenhang nicht unerwähnt lassen: Der deutsch sprechende Unbekannte, der Ferdinand Schmid und Tatunca Nara an der von mir als »Falle« bezeichneten Stelle zur Umkehr genötigt hatte, war »ziemlich dunkelhäutig« verfügte aber über – »helle, grüne Augen«. (118) Eine vielsagende Übereinstimmung möchte ich meinen.

Dann verwundert es auch nicht, wenn man im weiteren erfährt, dass die Fremden in »riesigen unterirdischen Sälen« leben, dass sie in »dauerndem Kontakt« zu »Wesen aus dem All« stehen und »kleine runde Flugzeuge« im vermeintlichen Vulkan verschwinden. Wie wir wissen, ist die Dritte Macht für die in der Region Lebenden tatsächlich aus dem Himmel gekommen, hat eine mindestens seit 1946 während Verbindung etabliert und nutzt die Gebirgsregion der Serra do Tapirapeco seitdem als Basis für ihre Flugscheiben.

Zu klären bleibt noch die Frage nach der Existenz der behaupteten zwei Krater. Da es im Tamacuari-Gebiet keine Vulkane gibt, müssen wir nach einer alternativen Erklärung Ausschau halten. Eine Verwechslung im Sinne einer versehentlichen Übertragung von Landschaftsmerkmalen des Sarisarinama-Tepuis wäre möglich, scheint bei genauerem Hinsehen jedoch ausgeschlossen. Auf dem Plateau dieses Berges wurden nicht nur zwei, sondern insgesamt vier große Schachthöhlen entdeckt. (125) Wenn nicht von echten Vulkankratern die Rede sein kann, in denen die Flugscheiben verschwinden, dann muss es sich um andere nicht zu übersehende Öffnungen in der von der Dritten Macht genutzten Bergregion handeln. Betrachtet man das Landschaftsprofil in dieser Hinsicht genauer, lassen sich unmittelbar östlich des Pico Tamacuari tatsächlich zwei aneinander grenzende tiefe Einschnitte nicht übersehen. (Abb. 19) Diese könnten eventuell als Erklärung für die zwei »Krater« dienen. Wie alle diese vermuteten unterirdisch angelegten Bereiche zusammenhängen, welche Funktionen sie besitzen, vermag ich natürlich nicht zu sagen.

Alles in allem haben wir es im Falle dieser Überlieferung – von der wir anfänglich befürchten mussten, dass sie einen Irrtum unsererseits offen legt – ganz im Gegenteil mit einem weiteren starken Indiz für die Richtigkeit der Behauptung zu tun, wie sie in »Götterwagen und Flugscheiben« über die Identität des sich am Pico Tamacuari befindlichen Hauptquartiers der Dritten Macht mit der Zufluchtsstätte des alten Kulturvolkes aufgestellt worden ist. Von einem Beweis können wir jedoch erst dann sprechen, wenn wir vor Ort dafür eine Bestätigung erhalten haben.

Das führt direkt zu unseren Erwartungen zum Ausgang dieses Unternehmens. Oft haben sich die am Projekt Beteiligten gefragt, wie sich wohl der Erfolg der geplanten Expedition definieren ließe. Unsere Überlegungen dazu lassen sich wie folgt zusammenfassen:

Zunächst einmal bedeutet Erfolg nicht, wenn wir ins Gebiet hineingekommen, an alle gewünschten Stellen gelangt und heil wieder zurückgekehrt sind. Als erfolgreich schätzen wir uns nur dann ein, wenn eine eindeutige Verifizierung – egal ob positiv oder negativ – der zwei Grundannahmen gelungen ist: Das Hauptquartier der Dritten Macht an dieser Stelle existiert oder es existiert nicht; das Refugium einer alten Hochkultur ist nachzuweisen oder nicht nachzuweisen. Letzteres dürfte die leichtere Aufgabenstellung sein, brauchen wir doch dafür nur die »Pyramiden« bzw. die anderen von uns lokalisierten, vermeintlich künstlichen Strukturen zu untersuchen.

Bezüglich des Zentrums der Dritten Macht ist eine eindeutige Nachweisführung als schwieriger einzuschätzen, da es diese darauf anlegen könnte, uns den Beweis für ihre Existenz vorzuenthalten, zum Beispiel durch die Anwendung von Unsichtbarkeitstechnologien, wie der von mir in »Operation Tamacuari« beschriebenen adaptiven Camouflage. Niemand erwartet, von den Angehörigen der Dritten Macht mit offenen Armen empfangen und durch die unterirdischen Anlagen geführt zu werden. Nicht ausgeschlossen werden kann jedoch – und in diesem Fall bin ich mir aufgrund einiger Erlebnisse in der Vergangenheit ziemlich sicher – eine Art »passiver Beweis«. Man wird konfrontiert mit etwas, dessen Dokumentation gegenüber der Öffentlichkeit als klares Zeugnis angeführt werden kann.

In den Augen der Dritten Macht würden wir auf diese Weise das von mir in diesem Buch skizzierte Übernahmeszenario einleiten helfen. Wir wären damit zu Erfüllungsgehilfen der Dritten Macht degradiert. Wie dem auch sei, das alles bleibt vorerst Spekulation.

So, liebe Leser, der Worte sind genug gewechselt. Die letzten Vorbereitungen für dieses größte Abenteuer meines Lebens sind abgeschlossen. Ich sitze sozusagen auf Abruf. Irgendwann in den nächsten Monaten werden wir aufbrechen. Was jetzt allein zählt, ist die Tat. Auf geht's! Diesmal wirklich.

NACHTRAG

Wenige Tage, nachdem ich das fertige Manuskript beim Verlag eingereicht hatte, ging folgende Nachricht durch die Medien:

»Italienische Banken fordern Verlängerung der EZB-Finanzspritzen.« Das bedeutet, auch wenn noch mehr als zwei Jahre verbleiben, bevor die gigantischen von der Europäischen Zentralbank zum Jahreswechsel 2011/2012 ausgereichten Darlehen, über die ich im 8. Kapitel berichtet hatte, zurückgezahlt werden müssen, so wird doch schon heute die Unmöglichkeit der Schuldentilgung erkannt und verzweifelt eine Verlängerung angemahnt. In nicht anders als erpresserisch zu bezeichnender Manier wandte sich der Verwaltungschef der ältesten italienischen Bank, der Banca Monte dei Paschi di Siena, Alessandro Profumo, an die Öffentlichkeit: »Wenn wir das ganze Geld in zwei Jahren zurückgeben müssen, wird es eine Kreditklemme geben.« (126) Und damit den ultimativen Absturz in die deflationäre Depression, wie sie von vorausschauenden Wirtschaftsanalysten schon seit längerem prophezeit wird. Die italienischen Banken hatten von den Darlehen in Höhe von über einer Billion Euro ca. 255 Milliarden beansprucht. Es wird nicht lange dauern, bis auch die spanischen Banken mit Blick auf diesen Zeitpunkt – sozusagen mit Voranmeldung – ihre Zahlungsunfähigkeit erklären. Das von mir vorgezeichnete, sorgfältig begründete Szenario beginnt aufzugehen.

QUELLENVERZEICHNIS

01. Sternhoff, Gilbert: Die Zukunft hat längst begonnen, Rottenburg 2011 (ergänzte und aktualisierte Ausgabe)
02. Sternhoff, Gilbert: Götterwagen und Flugscheiben, Salenstein 2010
03. Sternhoff, Gilbert: Operation Tamacuari, Salenstein 2011
04. Zeit Online: »Kryptofaschistischer Weltraumschrott«, 14.02.2012
05. persönliche Mitteilung eines in der Nähe von Manaus lebenden Insiders
06. Welt Online: »Reiche Bodenschätze am Meeresgrund«, 28.08.2000
07. Wikipedia: Salomonen
08. Hastings, Robert L.: UFOs and Nukes: Extraordinary Encounters at Nuclear Weapon Sites, Author House 2008
09. von Ludwiger, Illobrand: UFOs – die unerwünschte Wahrheit, Rottenburg 2009
10. Lammer, Helmut und Marion: Verdeckte Operationen, München 1997
11. Wikipedia: HAARP
12. www.haarp.alaska.edu/
13. Süddeutsche.de: »Medikamente – Nur für Schwarze«, 21.06.2005
14. Tagesanzeiger Online: »Kopfnick-Syndrom sucht Afrika heim«, 12.01.2012
15. Welt Online: »Mysteriöses Kopfnicksyndrom plagt Tausende Kinder«, 27.01.2012
16. Wikipedia (engl.): Nodding disease
17. Wikipedia: Autoimmunerkrankung
18. Cook, Nick: Die Jagd nach Zero Point, Mosquito Verlag 2006
19. Wikipedia (engl.): Aurora (aircraft)
20. Czarnetzky, Waldemar: »Lichtphänomene und Leuchtkugeln über den englischen Kornkreisfeldern, Teil II«, in: FGK-Report, Ausgabe 4/1995
21. Noyes, Ralph (Hrsg.): Die Kreise im Korn, München 1991
22. Müller, Andreas: Kornkreise – Geometrie, Phänomene, Forschung, Aarau 2001
23. www.kornkreise-forschung.de/textStatistics.htm
24. www.fgk.org/?cat=159
25. Anderhub, Werner und Müller, Andreas: Phänomen Kornkreise, Aarau 2005

26. Alexander, John B.: UFOs – myths, conspiracies, and realities, New York 2011
27. Howe, Linda Moulton: Mysterious Lights and Crop Circles, Cheyenne 2002
28. www.grenzwissenschaft-aktuell.blogspot.de/2011/10/olivers-castle-video-von-kornkreis.html
29. Good, Timothy: Sie sind da, Frankfurt am Main 1992
30. Howe, Linda Moulton: An Alien Harvest, 1989
31. Howe, Linda Moulton: »1994 Animal Mutilations Research Grant: Summary Of Case Studies«, in: MUFON 1995 International UFO Symposium Proceedings, Seguin 1995
32. www.oregonmufon.com/PDFs/CattleMutilationsandUFOs.pdf-
33. Stevens, Henry: Hitler's Suppressed and Still-Secret Weapons, Science and Technology, Kempton 2007
34. Bullard, Thomas E.: UFO Abductions: The Measure Of A Mystery, Bloomington 1987
35. Fowler, Raymond: Der Fall Andreasson, Weilersbach 1995
36. McMoneagle, Joseph: Remote Viewing Secrets – A Handbook, Charlottesville 2000
37. Smith, Paul H.: Reading The Enemy's Mind, New York 2005
38. Talbot, Michael: Das Holographische Universum, München 1992
39. Projektbericht der Remote Viewing Akademie vom 04.11.2011
40. Schnabel, Jim: Geheimwaffe Gehirn – Die PSI-Agenten des CIA, München 1998
41. Brown, Courtney: Kosmische Begegnung, Knaur TBV 1997
42. www.idgr.de/lexikon/stich/c/coloniadignidad/cd-giftgas.html
43. Kölner Stadt-Anzeiger: »Keine Strafe für den Kinderschänder«, 06.05.2002
44. Heller, Friedrich Paul: Die Sprache des Hasses, Stuttgart 2001
45. Buchanan, Lyn: The Seventh Sense, New York 2003
46. Schwartz, Stephen A.: Opening to the Infinite, Nemoseen Media 2007
47. Persönliche Auskunft von Stephen A. Schwartz per E-Mail vom 04.10.2011
48. Genovese, Narciso: Ich bin auf dem Mars gewesen, Wiesbaden-Schierstein 1964
49. Charroux, Robert: Das Rätsel der Anden, Düsseldorf 1997

50. Welt Online: »1000 Mal mehr Wasser auf dem Mond als gedacht«, 22.10.2010
51. Swann, Ingo: Penetration: The Question of Extraterrestrial and Human Telepathy, Ingo Swann Books 1998
52. Köstler, Frank: Verdeckte Ziele, Berlin 2003
53. P.M. Magazin 05/2010: »Wem gehört der Mond?«
54. Jacobs, David M.: Geheimes Leben, Rottenburg 1995
55. Wikipeda: Vermisste Person
56. Wikipedia: Mars Observer
57. www.netzzeitung.de/spezial/weltraum/276599.html
58. Wikipedia: Beagle 2
59. Wikipeda: Mars Polar Lander
60. Hoagland, Richard C. und Bara, Mike: Geheimakte Mond, Rottenburg 2008
61. McDaniel, Stanley V. und Rix Pacson, Monica (Hrsg.): The Case for the Face, Kempton 1998
62. Welt Online: »Phobos-Grunt wegen kosmischer Teilchen abgestürzt«, 31.01.2012
63. Spiegel Online: »Mysteriöse Signale von ›Phobos-Grunt‹«, 24.11.2011
64. Vallee, Jacques: Forbidden Science, Berkeley 1992
65. Fowler, Raymond E.: Die Wächter II, Reifenberg 1996
66. von Ludwiger, Illobrand: Unidentifizierte Flugobjekte über Europa, München 1999
67. Jacobs, David M.: Bedrohung, Rottenburg 1998
68. Alien Discussions, Cambridge 1994
69. Gresch, Dr. Hans Ulrich: Hypnose, Bewusstseinskontrolle, Manipulation, Düsseldorf 2010
70. Strassmann, Rick: DMT – Das Molekül des Bewusstseins, München 2004
71. Hopkins, Budd: Fehlende Zeit, Rottenburg 1993
72. Bloecher, Ted und Webb, David: HUMCAT, Seguin 1979
73. Jelinski, Manfred: Remote Viewing – das Lehrbuch, Teil 4, 2007
74. www.hypnoseausbildung-seminar.de
75. Morehouse, David: Im Tunnel der Zeit, Bastei Lübbe TBV 1998
76. Friedmann, Stanton und Marden, Cathleen: Captured! The Betty And Barney Hill UFO Experience: The True Story Of The World's First Documented Alien Abduction, 2007

77. Strieber, Whitley: Solving The Communion Enigma, New York 2011
78. Leir, Dr. Roger: Alien Implants, New York 2000
79. Wikipedia: Kurt Plötner
80. Wikipedia: Ayahuasca
81. Randle, Kevin D.; Estes, Russ and Cone, William P.: Abduction Enigma, New York 1999
82. Vallee, Jacques: Messengers Of Deception, Brisbane 2008
83. Vallee, Jacques: Passport To Magonia, Chicago 1993
84. Hoyle, Fred: Das intelligente Universum, Frankfurt am Main 1984
85. Davies, Paul: Der kosmische Volltreffer, Frankfurt am Main 2008
86. www.prophysik.de/details/news/prophy8891news/news.html?laid=8891
87. www.metaresearch.org/cosmology/BB-top-30.asp
88. Urknalltheorie wird angegriffen, offener Brief an die Wissenschaftlergemeinde, erstmals abgedruckt in »New Scientist« vom 22. Mai 2004
89. Fahr, Hans Jörg: Der Urknall kommt zu Fall, Stuttgart 1992
90. Lerner, Eric J.: The Big Bang Never Happened, New York 1992
91. Narlikar, Jayant V. und Burbidge, Geoffrey: Facts and Speculations in Cosmology, Cambridge 2008
92. Barrow, John D. und Tipler, Frank J.: The Anthropic Cosmological Principle, New York 1986
93. Morris, Simon Conway: Life's Solution: Inevitable Humans in a Lonely Universe, Cambridge 2004
94. Gribbin, John: Alone in the Universe: Why Our Planet Is Unique, New Jersey 2011
95. Fiebag, Johannes: Die Anderen, München 1993
96. Fiebag, Johannes und Peter: Himmelszeichen, München 1992
97. Wikipedia: Leonardo da Vinci
98. Däniken, Erich von: Erscheinungen, München 1974
99. Eagleman, David: Inkognito, Frankfurt am Main 2011
100. Nietzsche, Friedrich: Ecce Homo, Kröners Taschenausgabe
101. Witkowski, Igor: Die Wahrheit über die Wunderwaffe – Teil 3, Immenstadt 2011
102. Mayer, Edgar und Mehner, Thomas: Das Geheimnis der deutschen Atombombe, Rottenburg 2001

103. Wikipedia: Pascual Jordan
104. Ludwiger, Illobrand von: Burkhard Heim – Das Leben eines vergessenen Genies, München 2010
105. Ludwiger, Illobrand von: Das neue Weltbild des Physikers Burkhard Heim, München 2006
106. Ludwiger, Illobrand von: Unsere 6 Dimensionale Welt, München 2012
107. Meding, Holger M.: »Der Weg« – Eine deutsche Emigrantenzeitschrift in Buenos Aires 1947-1957, Berlin 1997
108. Handelsblatt Online: »Es droht eine teuflische Abwärtsspirale«, 26.02.2012
109. Handelsblatt Online: »Deutsche Bank warnt vor neuer Krise«, 19.04.2012
110. www.wirtschaftsfacts.de/?p=24270: »US-Ökonomen: Finanzkrise – das Ende unserer Zivilisation?«, 02.09.2012
111. Welt Online: »Eine Katastrophe von unabsehbaren Ausmaßen«, 25.07.2012
112. Süddeutsche.de: »Billiges Geld gegen die Furcht«, 21.12.2011
113. Welt Online: »EZB flutet Märkte mit einer halben Billion Euro«, 29.02.1012
114. Hannich, Günter: Börsenkrach und Weltwirtschaftskrise, Rottenburg 2005
115. Wikipedia: ExoMars
116. Ertl, Hans: PAITITI, München 1956
117. Siebenhaar, Wolfgang: Die Wahrheit über die Chronik von Akakor, Rottenburg 2006
118. Ancient Skies, Nummer 5, 1979: »Pyramiden im brasilianischen Urwald entdeckt – Akahim existiert«
119. VEJA: »O enigma da floresta«, 01.08.1979
120. www.scielo.br: »New Fannia Robineau-Desvoidy from Amazonas, Brazil and new geographical record (Diptera, Faniidae)«
121. www.academiasnacionales.gov.ve/tapirapeco.htm: »Scientific Expeditions to the Tapirapeco Range«
122. American Museum Novitates: «A Tepui Herpetofauna on a Granitic Mountain (Tamacuari) in the Borderland Between Venezuela and Brazil: Report from the Phipps Tapirapeco Expedition«, 19. November 1997
123. Wikipedia: Sarisarinama-Tepui 124.Nott, David: INTO The Lost World, London 1975

124. Nott, David: INTO The Lost World, London 1975
125. www.wondermondo.com/Countries/SA/VEN/Bolivar/Sima Humboldt.htm
126. wirtschafts-nachrichten.de: »Italienische Banken fordern Verlängerung der EZB-Finanzspritzen«, 05.10.2012

Alle abgedruckten Bilder stammen aus dem Privatarchiv des Autors.

Leseproben von Titeln

aus dem Unitall Verlag

– online und gratis –

www.hjb.info